Sie haben diesen ganz speziellen Mann kennengelernt, der Ihr Leben verändern kann.
Wie soll's jetzt weitergehen?
In diesem Buch erfahren Sie unter anderem,

- wie Sie ihn dazu bekommen, um Sie zu werben,
- wie Sie Ihren Traummann verführen,
- wie Sie herausfinden, was ihm gefällt,
- was Sie tun können, damit er sich Ihnen im Bett völlig hingibt,
- wie er Ihnen gibt, was Sie möchten,
- wie Sie zusammenbleiben können und Ihre Partnerschaft wächst.

Dies ist das perfekte Buch für Sie, wenn Sie eine bestehende Beziehung auffrischen und erhalten oder die Fallstricke in einer neuen Partnerschaft vermeiden wollen. Lesen Sie es, und Ihr Mann wird Wachs in Ihren Händen sein.

Vollständige Taschenbuchausgabe März 1997
Dieses Taschenbuch ist auch unter der
Bandnummer 82072 erhältlich.

Titel der Originalausgabe: »The Learning Annex Guide
To Turning Your Man Into Putty In Your Hands«

Originalverlag: Citadel Press Book/Carol Publishing Group, New York
Published by Arrangement with Carol Publishing Group, Inc.
Umschlaggestaltung: Angela Dobrick, Hamburg
Satz: Ventura Publisher im Verlag
Druck und Bindung: Clausen & Bosse, Leck
Printed in Germany
ISBN 3-426-82132-X

2 4 5 3 1

Susan Wright

Wie Sie jeden Mann rumkriegen

Sextips für Frauen

Aus dem Amerikanischen
von Pia Westhoff

Knaur

Inhaltsverzeichnis

Vorwort

Möchten Sie gern Ihren Mann Wachs in Ihren Händen werden lassen? Sie werden nicht bekommen, was Sie wollen, wenn Sie nur darauf warten, bis der »richtige« Mann auftaucht – einer, der von Natur aus den Life-Style mitbringt und die Sprache spricht, nach denen Sie sich sehnen. Sie haben ganz bestimmte Bedürfnisse, ganz gleich, ob Sie schon lange in einer Beziehung oder Ehe leben oder sich zum ersten Mal mit jemandem treffen. Vielleicht haben Sie Ihre eigenen Sehnsüchte noch gar nicht genau ausgeforscht, aber Sie erkennen Männer – und fühlen sich zu solchen hingezogen –, die Ihnen geben, was Sie brauchen. Warum wollen Sie die Sache also nicht selbst in die Hand nehmen und sichergehen, daß Ihr Partner Ihnen gibt, was Sie wollen?

Wie Sie jeden Mann rumkriegen handelt davon, wie sich die Erwartungen von Männern und Frauen entwikkeln – Erwartungen an sich und an den anderen. Und es zeigt, wie diese Erkenntnisse helfen können, Ihre Beziehungen besser zu gestalten. Sie lernen die Methoden, wie Sie herausfinden, was Sie wirklich von Ihrem Partner wollen und wie Sie das auch bekommen. Da Partnersuche und Sex Hand in Hand gehen, werden Sie auch erfahren, wie sich Sex frei und individuell gestalten läßt. Im letzten Abschnitt dieses Buches beantworte ich einige konkrete Fragen von Hilfesuchenden, die mir als Ratgeberin der Spalte »Frag Susan« in der Zeitschrift *The Learning Annex Magazine* gestellt wurden. Diese Briefe veranschaulichen einzelne Probleme und bieten Anregungen, wie Sie das von Ihrem Partner bekommen, was Sie wollen.

Was ist eine »gute Beziehung«?

Das erste, was Sie tun müssen, um eine Sache in den Griff zu bekommen – sei es eine Beziehung, Ihren Partner oder Ihr Leben – ist, Ihre eigenen Bedürfnisse und Wünsche zu definieren und zu verstehen. So komplex und widersprüchlich sie auch häufig sein mögen, Sie müssen Ihre wahren Gefühle und Ihr intuitives Wissen erkunden, akzeptieren und darauf vertrauen. Sich selbst verstehen gibt Ihnen das Vertrauen, das, was Sie brauchen, in bestimmten Situationen von Menschen auch zu bekommen. Im weiteren Sinne: Je besser Sie Ihre eigenen Reaktionen kennen, desto leichter wird es für Sie sein, die ganze Welt zu Wachs in Ihren Händen werden zu lassen – und erst recht einen Mann.

Würde eine Freundin Sie fragen, ob Sie gerne eine gute Beziehung zu einem Mann oder eine bessere Beziehung mit dem Mann, den Sie an Ihrer Seite haben, führten, würden Sie wahrscheinlich »ja« sagen und das nicht weiter konkretisieren. Sie haben Beziehungen zu Freunden, zu Ihrer Familie, zu Ihrem Arzt, zu Ihren Arbeitskollegen. Bei manchen Beziehungen – zu Ihrem Frisör beispielsweise – legen Sie ganz klar fest, welche Art Dienstleistung Sie erwarten, und wenn Sie die nicht bekommen, verlieren Sie keine Zeit und suchen sich einen anderen Frisör.

Doch im allgemeinen legen die Menschen nicht fest, was Sie von ihren Freundschaftsbeziehungen wollen. Sie verbringen Zeit mit Menschen, die ihre Zeit gerne auf ähnliche Weise verbringen wie sie. Sie sprechen mit Leuten, die ihre Standpunkte sowie ihre Vorlieben und Abneigungen verstehen, und wenn die Charaktere zusammenpassen, wächst mit der Zeit eine Freundschaft. Aber bedenken Sie: Sie reden sehr selten über das Wesen Ihres »Verhältnisses«

zu Ihrem Freund. Das erscheint Ihnen unnötig, da Sie es so nehmen, wie es eben ist.

Freundschaften werden nicht geplant; dagegen ist auch nichts einzuwenden, denn Ihre Zukunft hängt nicht von einer speziellen Freundschaft ab. Doch für Ihre Zukunft spielt der Mann in Ihrem Leben eine Rolle. Ganz unvermeidlich haben Sie Erwartungen an einen Menschen, der Ihr Lebensgefährte werden könnte, da Sie den Wunsch nach einer ganz *bestimmten* Zukunft verspüren.

Damit dieses zukünftige Leben auch Wirklichkeit wird, müssen Sie immer wieder neu bestimmen, welche Bedürfnisse Sie haben. Klären Sie, welchen Typ von Mann Sie im Augenblick gerne an Ihrer Seite hätten – einen, der Ihnen hilft zu bekommen, was Sie brauchen, und der Ihnen *die* Aufmerksamkeit und sexuelle Zuwendung schenkt, die für Sie Liebe bedeuten, und mit dem Sie sexuell harmonieren. Soll das eher eine flüchtige Affäre oder eine feste, intensive Beziehung sein? Erstellen Sie eine ausführliche Liste; doch schreiben Sie nicht nur Ihre Tagträume auf oder die Phantasieeigenschaften eines idealen Mannes in einem Traumfilm, in dem Sie beide die Hauptakteure sind – seien Sie Realistin! Schauen Sie sich Ihre Freunde an. Welche Eigenschaften besitzen die, denen Sie sich nahe fühlen? Offenbar suchen Sie gerade diese Qualitäten bei anderen Menschen. Welche Eigenschaften faszinierten Sie bei Ihren früheren Geliebten, und welche Eigenschaften störten Sie? Welche Eigenschaften bewundern Sie an sich selbst am meisten?

Sie wandeln sich ständig. Und in dem Maße, wie Sie sich verändern und reifen, ändern sich auch Ihre Bedürfnisse. Auch wenn Sie in einer langfristigen Beziehung leben, müssen Sie – da beide Partner sich ändern und wachsen – Ihrem Gefährten immer wieder Ihre Wünsche mitteilen.

Häufig sind dabei Kompromisse hilfreich: Aber Ihre Wünsche selbst sollten Sie nie in Frage stellen. Sie sind als Mensch das, was Sie wollen; und wenn Sie das letzten Endes nicht bekommen, ist die Beziehung nicht die, die Sie brauchen. Dann wird eine Trennung unausweichlich, welchen Wert oder welche Stärken Ihr Partner auch besitzt. Wenn Sie das vorliegende Buch lesen, dann fragen Sie sich bitte immer wieder: Was will *ich* eigentlich? Antworten Sie ehrlich. Ihr Leben wird von Ihren Wünschen bestimmt, egal, ob Sie diese frei entfalten oder nicht. Es spielt keine Rolle, ob Sie eine vollkommen unkonventionelle Beziehung wollen oder nach einer Romanze wie im Bilderbuch aus sind – das Beste, das Sie für sich tun können, ist, sich so zu akzeptieren, wie Sie sind. Nur dann können Sie sich aufmachen und bekommen, was Sie brauchen.

Beziehungen

Was ist Liebe?

Biologie und Liebe

Machen wir uns nichts vor: Menschen sind Tiere, die speziell darauf ausgelegt sind, weitere Exemplare ihrer Sorte zu produzieren. Millionen Jahre der Evolution haben uns dahin gebracht, und unsere Bedürfnisse, Wünsche und Triebe sind von diesen Naturkräften geformt worden. Da zwei Menschen vonnöten sind, um einen dritten zu zeugen, haben die meisten von uns den Drang, sich zu paaren. Egal wie oft wir von der Liebe enttäuscht wurden, egal wie sehr wir versuchen, unsere Begierde zu beherrschen, wir können nicht umhin, uns nach anderen Menschen umzusehen, um diesem grundlegenden Bestandteil des menschlichen Daseins gerecht zu werden.

Vergessen Sie die Nivellierung des Geschlechterunterschieds, mit dem uns die moderne Technologie beglückt hat, und betrachten Sie die Liebe vom rein biologischen Standpunkt aus. Die Folgen der »Paarung« sind für Männer und für Frauen sehr unterschiedlich. Der weibliche Körper muß das Kind neun Monate lang austragen. Auch übernehmen Frauen die Hauptlast des Nährens (Stillen) und die Pflege des Nachwuchses.

Da die Frauen soviel mehr investieren, ist die Mehrheit von ihnen bedeutend wählerischer als die Männer, wenn es darum geht, den besten Partner zur Zeugung ihrer Kindern zu finden. Männer dagegen tragen gewöhnlich wenig mehr als ihren Samen bei und können es sich leisten, alle Gelegenheiten zu ergreifen, die sich ihnen bieten. Die biologische Ungleichheit hat zur Herausbildung unterschiedlicher Haltungen beigetragen, nach denen Männer und Frauen ihre Beziehungen zueinander gestalten.

Die meisten stereotypen Wechselwirkungen zwischen Männern und Frauen können – zu Recht oder zu Unrecht – diesem biologischen Zwang zugeschrieben werden. Männer schlafen mit vielen Frauen, weil sie ihre DNS so weit als möglich unter die Bevölkerung bringen wollen. Frauen schlafen mit vielen Männern, um sicherzugehen, daß sie die Hilfestellungen und die Unterstützung bekommen, die sie benötigen – selbst wenn es vieler Männer bedarf –, um für sie und ihre Kinder zu sorgen. Man könnte auch sagen, daß Männer und Frauen beschließen, sich treu zu sein und zu heiraten, um die Vaterschaft des Mannes zu gewährleisten, der seinerseits für die Frau und ihren Nachwuchs aufkommt.

Obwohl der Paarungstrieb in jedem Menschen steckt, ist den Frauen instinktiv bewußt, daß ihr Einsatz viel höher ist. Die Konsequenz: Frauen müssen die Initiative ergreifen. Ob das offenkundig oder versteckt geschieht – es bringt ihnen nichts, wenn Sie wie ein Mauerblümchen darauf warten, eine Einladung von einem Mann zu bekommen. Es ist an der Frau, die Beziehung in die gewünschte Richtung zu lenken. Je eher Sie also aufhören, darauf zu warten, daß der Mann die »richtigen« Dinge tut, desto eher werden Sie die Beziehung bekommen, die Sie wollen.

Gesellschaft und Liebe

Warum neigen Frauen – von denen die meisten so viel zu verlieren haben – dazu, in die passive Rolle zurückzufallen? Warum neigen Männer dazu, sich über ihre Arbeit und ihre Leistungen zu definieren, während Frauen oft den Fehler machen, sich über ihre Beziehungen zu definieren?

Die Gesellschaft bestimmt, was bei der Erfüllung der biologischen Pflichten gegenwärtig als »korrekt« anzusehen ist. Unsere Kultur hält die Kinder dazu an, die erwarteten Rollen zu erfüllen. Abgesehen von den instinktiven Trieben, die wir alle haben, prägt uns eine bestimmte Sozialisierung, die wir im Laufe unserer Erziehung erfahren und die von einer Generation zur nächsten weitergegeben werden soll.

Das Ideal einer männlich/weiblichen Beziehung beruht auf dem Konzept der »Frau als Eigentum«, das in der frühen westlichen Kultur entstand. Die Männer hatten die Körperkraft, ihre Frauen und Kinder zu beschützen; dafür waren die Frauen gezwungen, sich der Vorstellung zu unterwerfen, die die Männer von ihnen hatten. Das bedeutete, daß eine Frau ihrem Mann zu gefallen hatte, da sie ansonsten der gefährlichen Welt ausgeliefert war. Sie hatte sich also dem Weiblichkeitsideal der männlich dominierten Gesellschaft anzupassen und wurde geächtet, wenn sie diese moralischen Gesetze übertrat. Selbst heutzutage werden die Frauen durch alles – angefangen von den Märchen bis hin zu Klischees wie »Jungen müssen sich eben austoben« – darauf abgerichtet, sich auf eine eher untergeordnete, geschützte Stellung in ihren Beziehungen einzustellen.

Es ist wahr, daß in unserer postindustriellen Welt, wo Gewalt durch das Recht eingedämmt wird und Körperkraft nicht mehr die einzige Grenze zwischen Leben und Tod darstellt, die Frauen eine neue Unabhängigkeit gewonnen haben. Die Frauenbewegung hinterfragte die Grundfeste der männlichen Hierarchie, und die sexuelle Freiheit war Teil des Schlüssels, mit dem die Frauen sich Zugang zur Geschlechtergleichheit verschafften.

Wenn Sie verstehen, welchen Einfluß die Gesellschaft auf Ihre Entwicklung gehabt hat, können Sie bestimmen, ob das, was Sie fühlen, ein echter Wunsch oder Teil der Sozialisierung ist, die Sie mit Ihrer Erziehung erhalten haben. Sie werden auch imstande sein, bei Ihrem Partner zu erkennen, ob ein bestimmtes Verhalten eher eine »programmierte« Reaktion ist oder seinen eigenen Charakter widerspiegelt. Diese Konditionierung werden Sie in allem wiederfinden – angefangen von Ihren Vorstellungen über Liebe, Ehe und Romantik bis zu dem, was Sie sexuell stimuliert.

Frauen sind beispielsweise so sozialisiert, Liebe mit dem Tatbestand, begehrt zu werden, gleichzusetzen. In den Massenmedien und in der Werbung werden Frauen meistens vom männlichen Standpunkt aus als etwas dargestellt, das begehrt wird und das man in Besitz nimmt. Mädchen wachsen umgeben von (Vor-)Bildern auf, die begehrenswerte Frauen zeigen, und sie lernen bald, daß sie geliebt werden, wenn jemand sie »will«. (Erst seit kurzer Zeit gibt es eine entsprechende Anzahl männlicher, auf sexuelle Attraktivität ausgerichteter [Vor-]Bilder, die jungen Mädchen Sex-Idole vermitteln.)

Diese Sozialisierung führt dazu, daß sich Frauen sexuell erregt fühlen, wenn Ihr Partner sie begehrt, während Männer durch die Frau an sich erregt werden. Das setzt eine Reihe komplizierter Reaktionen in Gang, die perfekt ineinandergreifen müssen, um zu funktionieren. Die Attraktivität einer Frau beruht letztlich auf ihrem Selbstvertrauen – doch wie kann sie sich ihrer sicher sein, wenn sie ihre Selbstbestätigung in die Hände eines anderen Menschen legt?

Es ist nicht leicht, sich des Einflusses zu entledigen, dem Menschen in ihrer frühen Erziehung ausgesetzt waren, aber durch offensive Fragestellungen und Diskussionen können Sie die Ursprünge Ihres Verhaltens in den Regeln

und Maßstäben unserer Kultur aufspüren. Dann können Sie entscheiden, ob eine solche Denkweise Ihnen und Ihrem Partner zuträglich ist.
Je freier Sie von unausgesprochenen Zwängen sind, desto stärker werden Sie letzten Endes sein. Ihre wahren Sehnsüchte – und nicht die Meinungen anderer – sind dann die einzigen Leitlinien Ihres Handelns.

Frauen und Liebe

Vielleicht sind Frauen immer noch vorsichtiger, was ihre sexuelle Entfaltung betrifft, einfach weil sie Jahrtausende lang Sex als Mittel benutzten, um einen Mann dauerhaft an sich zu binden. Instinkte halten sich hartnäckig. Eine Frau möchte von ihrem Mann die ständige Bestätigung dafür, daß er sich an sie gebunden fühlt, gewöhnlich in Form von Aufmerksamkeit, Gesprächen und Liebesbezeugungen. Selbst eine Ehefrau, die das erhalten hat, was als die »höchstmögliche Form der Bindung« – die Ehe – gilt, wünscht immer wieder Bestätigung.
Die meisten Frauen, die nicht die Signale der Aufmerksamkeit erhalten, die sie erwarten, neigen dazu, ihrem Partner zu verübeln, daß er den Vertrag nicht erfüllt, in den er ursprünglich einwilligt hat. Das Problem ist, daß die wichtigsten Aspekte der Bindung gewöhnlich unausgesprochen bleiben. Was ist »Liebe«? Wenn ein Mann sagt: »Ich liebe dich«, dann tut er das auf seine Weise. Aber was bedeutet es für Sie, geliebt zu werden? Und was bedeutet es für ihn? Wahrscheinlich Unterschiedliches. Wer sagt uns in unserer heutzutage so verwirrenden Welt, was Liebe ist?
Das Wichtigste, das Sie sich zu Liebe und Beziehungen merken müssen: Es gibt unendlich viele Varianten davon. Ganz sicher wollen oder können manche Männer Ihnen

nicht geben, was Sie wollen. Selbst wenn Sie beide zusammenpassen, werden Sie und Ihr Partner wahrscheinlich nicht genau dieselben Vorstellungen von dem haben, was unter den Begriff »Liebe« fällt, und das kann zu tiefen Entzweiungen führen. Es ist an Ihnen, ihm ganz vorurteilslos zuzuhören. Haben Sie beide an Leben und Liebe ähnliche Erwartungen? Nur wenn Sie beide dasselbe wollen, können Sie sicher sein, daß Ihre Bedürfnisse erfüllt werden. Kein Rechtsanwalt würde je einen Vertrag so vage formulieren, wie die meisten Menschen es mit dem Wort »Liebe« tun. Wenn Sie von Beginn Ihrer Beziehung an Ihre Gefühle und Wünsche klar zum Ausdruck bringen und Ihre Worte durch Ihr Handeln bekräftigen, dann werden Sie viel weniger Zeit und unnötige Qualen auf Männer verschwenden, die nicht das sind, was Sie wollen, und die nie imstande sein werden, Ihnen zu geben, was Sie wollen.

Unabhängigkeit

Die Frage nach der Kontrolle

Es ist unwahrscheinlich, daß Sie jede Situation, in die Sie geraten, im Griff haben, aber Sie sind Herrin Ihres eigenen Lebens. Selbst wenn Sie das Steuer zeitweise einem Mann überlassen, so ist das letzten Endes Ihre Entscheidung.

Manchmal geben Frauen die Verantwortung ab, weil sie sich dadurch sicherer fühlen. Für die Illusion der Sicherheit richten sie sich auf innere Unbeweglichkeit ein. Aber Sie dürfen nicht stagnieren, sondern müssen sich entwickeln, damit sowohl Sie als auch Ihre Beziehung wachsen können. Ein Gefühl der Sicherheit wird Sie nie dahin bringen, wohin Sie wollen.

Das Chamäleonsyndrom

Wenn eine Frau verliebt ist, versucht sie häufig so zu sein, wie ihr Partner sie will. Sie glaubt irrtümlich, sie könne einem Mann gefallen, wenn sie sich in die »Frau seiner Träume« verwandelt. Wenn Sie an sich selbst bemerken, daß Sie willens sind, Ihr Aussehen, Ihren Kleidungsstil, Ihr Verhalten, ja sogar Ihre Werte zu ändern, dann haben Sie ein Problem.

Geben Sie nie für einen Mann Ihre eigenen Träume auf, und unterdrücken Sie für ihn auch nie Ihre Sehnsüchte. Wenn Sie Tennisstunden nehmen, damit Sie jedes Wochenende mit Ihrem Freund spielen können, oder beginnen, jeden Morgen mit ihm zu joggen, mag Ihnen das als geeignetes Mittel erscheinen, die Beziehung zu stärken (selbst wenn Sie für solche Aktivitäten im Grunde nichts übrig haben). Aber genau das wird Ihre Beziehung zerstören! Es mag Ihnen so vorkommen, als bestehe eine Zeitlang Frieden und Harmonie zwischen Ihnen – da Sie etwas gemeinsam tun –, aber Sie führen *sein* Leben. Sie sind eher dabei, sich eine Illusion von einer Beziehung zu machen als eine feste Basis zwischen zwei lebendigen Menschen zu schaffen. Illusionen gehen mit der Zeit immer zu Bruch, und am Ende werden Sie enttäuschter und frustrierter dastehen, als wenn Sie bei Ihren eigenen Vorlieben und Wünschen geblieben wären und klargestellt hätten, was Sie von der Beziehung erwarten.

Auf eine scheinbar harmlose Art und Weise unterwerfen sich Frauen ihren Partnern, wenn sie eigene Interessen und Hobbys aufgeben, die für ihn nicht zählen. Und oft ist den Frauen gar nicht bewußt, was sie da tun. Vielleicht meinen sie, nun seien sie einfach aus der Phase heraus, wo sie jeden Samstagabend kegeln oder tanzen gingen. Oder sie wollen keine Zeit ohne ihn verbringen. Doch wenn Sie

Ihr sonstiges Leben der Beziehung opfern, so üben Sie einen gewissen Druck auf Ihren Partner aus, der sich nun seinerseits gezwungen sieht, jedes Ihrer Bedürfnisse zu erfüllen. Und das kann kein Mann.

Dieser Wunsch, sich zu ändern, um dem Partner zu gefallen, ist tückisch. Es scheint *das Richtige* zu sein, um einem Mann, den Sie lieben, zu gefallen. Schließlich wollen Sie, daß *er Ihnen* das gibt, was Sie wollen. Aber hierin liegt der Unterschied. Sie können nicht erwarten, daß er sich ändert – nur, daß er sein Verhalten Ihnen und der Beziehung gegenüber ändert. Wenn Sie gewisse Aspekte Ihrer eigenen Persönlichkeit mißachten, dann sabotieren Sie die Beziehung.

Denken Sie immer daran: Ihr Partner fühlte sich von der Frau angezogen, die Sie waren, nicht von der Frau, die Sie versuchen für ihn zu werden.

Lernen Sie Ihre eigenen Reaktionen beherrschen

Wenn Sie etwas nicht beherrschen können, dann bleiben Ihnen zwei Möglichkeiten: sich davon zu distanzieren oder Ihre Haltung zu ändern.

Wie Sie auf Dinge reagieren, haben Sie selbst in der Hand. Kultivieren Sie ein Gefühl der Sicherheit, der Selbstsicherheit und des positiven Denkens, selbst wenn Sie es einmal vortäuschen müßten. Finden Sie das unehrlich? Es handelt sich hierbei lediglich darum, Ihre Einstellung etwas zurechtzurücken. Wenn Sie lächeln, löst das einen emotionalen Reflex aus, der bewirkt, daß Sie sich glücklicher fühlen. Wenn Sie glauben, Sie strahlten mehr Vertrauen aus, wenn Sie die Schultern gerade halten und den Menschen in die Augen sehen, dann werden Sie auch selbstsicherer sein. Nähern Sie sich Situationen von einem positiven Standpunkt aus, und Sie werden imstande sein, mehr zu leisten.

Am leichtesten kontrollieren Sie Ihre Reaktionen, indem Sie sich auf Ihre Prioritäten konzentrieren. Sie müssen Ihr Verhalten beständig überdenken und sich selbst fragen, warum Sie so fühlen, wie Sie fühlen. Das Ziel ist nicht, perfekt zu sein, sondern andere Leute davon abzuhalten, darüber zu entscheiden, wohin Ihr Leben führt.

Davon ist auch Ihr Partner nicht ausgeschlossen. Nur weil er etwas von Ihnen will oder Ihnen etwas versagt, ist das Beste, was Sie tun können, *agieren*, nicht *reagieren*. Reagieren Sie nicht bloß auf sein Verhalten – tun Sie, was Sie wollen. Fordern Sie das, was Sie wollen. Machen Sie Ihren Seelenfrieden nicht von seinem Einverständnis abhängig. Wenn er nicht imstande ist, Ihnen zu geben, was Sie brauchen, dann liegt es an Ihnen, zu entscheiden, wann es Zeit ist, nach einem Mann Ausschau zu halten, der es vermag.

Stecken Sie sich Ihre eigenen Ziele

Der einzige Weg, mit Sicherheit der Mensch zu werden, der man sein will, besteht darin, sich über die alltäglichen Aufgaben und die ewige Routine zu erheben und in die Zukunft zu blicken. Sie müssen eine Vorstellung davon gewinnen, was Sie von Ihrem Leben wollen. Seien Sie der Menschentyp, der Sie in Zukunft sein wollen. So erreicht man etwas – sei es eine erfolgreiche Beziehung oder eine erfolgreiche Karriere.

Und vergessen Sie nicht: Menschen ändern sich nicht, sie »wandeln« sich. Das kommt eher einer allmählichen Umstellung als einer Kehrtwendung gleich. Selbst wenn wir ein bestimmtes Verhalten erkennen, das wir gerne ändern wollen, ist das in der Praxis nicht immer so leicht. Gewohnheiten sind viel tiefer verwurzelt, als es uns bewußt ist. Deshalb müssen Sie ständig Ihre Prioritäten und Ihre persönlichen Fortschritte analysieren, um Ihr Leben fest in der Hand zu behalten.

Selbstachtung

Lassen Sie niemals zu, daß Ihr Partner Ihren Selbstwert in Frage stellt oder Sie herabsetzt. Das heißt nicht, daß Sie über Bemerkungen, die er macht und die als herablassend gedeutet werden können, streiten sollen – gehen Sie gar nicht so weit. Sie haben die Freiheit, ihm zu sagen, wie die eben gemachte Bemerkung auf Sie wirkte, aber versuchen Sie nie, ihm Achtung und Bestätigung abzuringen. Höchstwahrscheinlich war es eine harmlose, fehlinterpretierte Äußerung, über die er nun selbst ganz ratlos ist.

Doch wenn Sie sich immer wieder herabgesetzt fühlen und Ihr Partner zu seinen Bemerkungen und Meinungen über Sie steht, dann glaubt er aus irgendwelchen unerfindlichen Gründen, er stehe über Ihnen.

Das einzige, was Ihnen bei so einem Mann bleibt, ist, ihn zu verlassen. Er wird nur lernen, Sie zu respektieren und zu achten, wenn Sie sich selbst respektieren und achten. Und das können Sie in seinem Beisein offenbar nicht.

Geben Sie andere Freundschaften nicht auf

Es ist sehr wichtig, daß Ihr Partner nicht die einzige Bezugsperson ist, der Sie Ihre tiefsten Gefühle mitteilen. Wir hören immer wieder Frauen sagen: »Er ist mein bester Freund.« Gut, aber es wäre besser, wenn Sie – schon wegen des Gleichgewichts – auch noch andere Freunde hätten, mit denen Sie offen und ehrlich sprechen können. Wenn er der einzige Mensch ist, mit dem Sie wirklich reden können, dann belasten Sie die Beziehung übermäßig. Denn jedesmal, wenn eine Meinungsverschiedenheit zwischen Ihnen beiden auftritt, werden Sie niemanden haben, mit dem Sie darüber sprechen können. Der Beziehung kann nur geholfen werden, wenn noch andere »Ventile« verfügbar sind.

Stellen Sie sich nicht gegen seine Freundschaften

So wie Sie Freunde als emotionale Stützen und Ventile brauchen, dürfen Sie auch nicht versuchen, Ihren Partner von Menschen zu entfremden, die ihm nahestehen. Das Beste, was Sie tun können, ist, gute Eigenschaften an seinen Freunden und seiner Familie zu entdecken, die Ihnen sympathisch sind. Machen Sie sie zu Ihren Verbündeten. Das heißt nicht, daß Sie alle in Ihr Herz schließen müssen, aber Sie sollten zumindest freundlich und hilfsbereit mit ihnen umgehen.

Ärgern Sie sich über andere Leute, die er kennt oder mag, so geben Sie diesen Menschen Macht über Ihre Beziehung. Dazu gehören auch seine früheren Freundinnen. Es spielt keine Rolle, was sie früher zusammen taten, wieviel Zeit sie gemeinsam verbrachten, und auch, wie sehr er sie liebte. Es ist vergangen und hat nur eine Auswirkung auf Sie und Ihre Beziehung, wenn Sie sich innerlich dagegen wehren. Streitigkeiten und lange Diskussionen geben der Angelegenheit nur eine überdimensionale Bedeutung, und er wird dadurch ganz schnell die Überzeugung gewinnen, daß *sie* immer noch zählt.

Bleiben Sie sachlich

Wenn Sie sich über Ihre Beziehung aufregen und es Ihnen so vorkommt, als könnten Sie nichts anderes tun als ununterbrochen daran denken, was Ihnen fehlt und was Sie eigentlich wollen, dann stellen Sie sich selbst die Frage: »Was wird die jetzige Situation in fünf Jahren für mein Le-

ben bedeuten?« Auf die Gefahr hin, tatsächlich bestehende Emotionen zu bagatellisieren, fragen Sie sich einmal ganz cool, was Sie fühlen. Sind Sie verliebt in den Mann oder eher in die Vorstellung von einer Beziehung mit ihm? Wenn es die Beziehung ist, an der Ihnen eigentlich liegt, dann verlieren Sie nichts, wenn Sie den Mann verlassen, der sowieso nicht der Richtige war.
Wenn Sie diese Überlegung nicht ohne weiteres überzeugt, dann bedenken Sie: Falls Sie wie die meisten Leute sind, denken Sie wahrscheinlich nicht sehr viel über vergangene Beziehungen nach, selbst wenn sie in einer bestimmten Epoche Ihres Lebens sehr, sehr wichtig waren. Selbst wenn Sie einmal einen Geliebten hatten, der Ihnen das Herz brach, so denken Sie nur noch hin und wieder an ihn und ohne allzuviel Schmerz. Denn schlußendlich kommen Sie über derartige Dinge hinweg. Möglicherweise haben Sie ein paar negative Gewohnheiten beibehalten, die Sie erst in eine solche Beziehung gebracht haben, oder Sie haben seelische Barrieren entwickelt, damit Ihnen so etwas nicht noch einmal passiert; doch Ihr früherer Partner selbst ist nicht länger wichtig.

Alternativen

Lassen Sie sich nicht in Situationen treiben, in denen Sie das Gefühl haben, Sie müßten wegen fehlender Alternativen darin verharren. Je mehr Wahlmöglichkeiten Sie haben, desto stärker sind Sie. Das bedeutet nicht notwendigerweise, daß Sie immer einen Liebhaber in Reserve haben sollen im Falle, daß es mit dem gegenwärtigen einmal nicht klappt. Aber richten Sie Ihr Leben so ein, daß auch andere Chancen da sind, die Sie notfalls ergreifen können. Dazu gehört es, Freundschaften mit Männern aufrechtzuerhalten und offen für neue Männerbekanntschaften zu sein.

Nichts ist frustrierender, als in einer Beziehung zu verharren, weil Sie glauben, Sie hätten keine andere Wahl; oder das Gefühl zu haben, die augenblickliche Situation sei besser als irgendeine Alternative dazu. Denn das stimmt nicht. Sie sind fähig, die Alternativen selbst zu gestalten. Das mag Zeit und Mühe kosten, aber Sie können in dem Maße Ihr eigenes Leben formen, wie Sie wissen, was Sie wollen, und Ihre Wünsche nicht unterdrücken.

Wenn Sie in einer frustrierenden oder sogar gefährlichen Lage stecken, dann machen Sie nicht Ihren Partner oder Ihre wirtschaftliche Situation dafür verantwortlich. Sie befinden sich in dieser Lage, weil Sie sich selbst da hineinmanövriert haben. Offenbar haben Sie genommen, was Sie bekamen, und haben entschieden, daß dies besser sei, als allein zu leben.

Aber auch wenn das stimmt, dann wissen Sie dennoch, daß die Beziehung Ihnen nicht das gibt, was Sie wollen. Lassen Sie also nicht zu, daß ein unbefriedigender Partner Ihnen die Chance nimmt, jemanden zu finden, der Sie befriedigt. Wenn Ihre Beziehung Ihnen keine Erfüllung gibt – was kann schlimmstenfalls daraus entstehen, als daß Sie sagen, was Sie wirklich wollen, oder daß Sie sich mit anderen Männern treffen? Und wenn Ihr Partner Sie deswegen verläßt – nun, vielleicht stört es Sie, allein zu sein, aber daran ist noch keine gestorben. Und zumindest werden Sie frei für etwas ganz Neues sein, etwas, das Sie mit Sicherheit mehr befriedigen wird als Ihre letzte Beziehung.

Es ist immer an Ihnen, sich aufzumachen und neue Lebensperspektiven zu schaffen. Warten Sie nicht darauf, daß irgend etwas geschieht. Gehen Sie aus, treffen Sie

Menschen, tun Sie etwas gemeinsam mit anderen – belegen Sie zum Beispiel einen Volkshochschulkurs –, erlernen Sie eine neue Sportart, gehen Sie ins Theater, besuchen Sie Konzerte oder verabreden Sie sich mit Freunden in Nachtlokalen. Pflegen Sie Ihre Unabhängigkeit, auch wenn Sie einen Partner haben. Als selbstsichere, unabhängige Frau werden Sie immer bekommen, was Sie wollen.

Was wollen Sie?

Um erfolgreich eine Beziehung führen zu können, müssen Sie wissen, was Sie wollen. Seien Sie ehrlich mit sich. Was zählt wirklich in Ihrem Leben? Was macht Sie glücklich? Seien Sie genau. Alle Frauen wollen einen liebevollen, sensiblen Mann; aber jede Frau versteht unter Liebe etwas anderes.

Wollen Sie Ihren Partner, damit Sie sich anziehend, aufregend und geliebt fühlen? Wollen Sie finanziell unterstützt werden? Wollen Sie, daß er Hausarbeiten erledigt? Wollen Sie einen Mann, der eine Führungspersönlichkeit ist, oder wollen Sie einen Mann, der tut, was Sie wollen? Wollen Sie, daß er an der Gründung einer Familie interessiert ist? Wollen Sie, daß er eher zurückhaltend oder eher extrovertiert ist? Und wenn Sie heiraten wollen, was bedeutet das für Sie?

Schauen Sie sich Ihre Wünsche, die Sie mit »Ehe« und »Liebe« bezeichnet haben, einmal ganz genau an. Das sind zwei sehr abstrakte Begriffe. Es ist wichtig, daß Sie analysieren, was Sie wollen. Nur so können Sie es auch bekommen.

Prüfen Sie ebenso Ihre früheren Beziehungen und suchen Sie sie nach Verhaltensmustern ab. Welche haben Sie am stärksten beeinflußt, im guten wie im schlechten Sinne? Was wollten Sie damals, und was suchen Sie jetzt? Worin

unterscheiden sich die Männer, mit denen Sie jetzt ausgehen, von denen, mit denen Sie damals ausgingen? Wo werden Sie in drei oder fünf oder zehn Jahren sein? Mit welchem Typ Mann sehen Sie sich dann?
Daß Sie Ihre Beziehung »im Griff« haben, bedeutet nicht, daß immer Sie diejenige sind, die anregt, wann Sie Sex haben, Gespräche führen oder etwas gemeinsam unternehmen. Etwas »im Griff« haben bedeutet, daß Sie das, was Sie von einem Mann wollen, auch bekommen. Wenn der Mann, mit dem Sie zusammen sind, Ihnen diese Dinge nicht geben kann, dann bedeutet »im Griff haben«, daß Sie die Kraft haben, ihm den Laufpaß zu geben und einen Mann zu finden, der es kann und will.
Lassen Sie sich nie davon abschrecken, das anzustreben, was Sie wollen.

Erwartungen

Wenn Sie in die Entscheidung, was Sie von einer Beziehung wollen, viel Zeit investieren, haben Sie ganz unweigerlich ein inneres Bild von dem vor sich, wie Ihr Partner handeln soll. Doch während Sie die Freiheit haben, die Art der Liebe, die Sie wollen, zu ersehnen, können Sie nicht von irgendeinem Menschen genau diese Art von Liebe auch fordern – handle es sich um einen flüchtigen Bekannten, einen Liebhaber oder Ihren Lebensgefährten.
Schauen Sie sich den Mann, mit dem Sie leben, einmal ganz emotionslos an. Was kann er Ihnen bieten, und welche Gefühle hegen Sie für ihn? Besitzt Ihr Partner die grundlegenden Qualitäten, die Sie von einem Mann erwarten? Oder genießen Sie vielmehr die Vorstellung, wie er möglicherweise einmal handeln wird, wenn Ihre Beziehung sich entwickelt und Ihre Liebe wächst?
Das ist eine äußerst wichtige Unterscheidung. Sie können

Ihre Liebe nicht auf zukünftige Erwartungen gründen. Ja, Sie müssen Ihre eigenen Ziele für die Zukunft haben. Doch, Sie müssen wissen, was Sie von einem Mann wollen. Aber Sie müssen *jetzt* von Ihrem Partner bekommen, was Sie wollen. Wenn das nicht der Fall ist, wenn Sie auf den wundersamen Augenblick warten, an dem er sich endlich binden oder um Sie kümmern oder reden oder so handeln wird, wie Sie es sich immer erträumt haben, dann geben Sie sich einer Selbsttäuschung hin.

Die Jagd nach Liebe wird zu einer nie endenden Suche nach der »Idealbesetzung«, wenn Sie versuchen, jedem Mann, mit dem Sie ausgehen, die Rolle des »Traummannes« zuzuschreiben. Die Beziehung, die Sie ersehnen, wird mit der Zeit dann immer komplexer, kein Mann kann Ihre Erwartungen erfüllen. Gescheiterte Beziehungen verstärken nur den Wunsch, genau die Art von Liebe zu bekommen, die Sie sich immer gewünscht haben.

Vergessen Sie, wie er sein könnte

Verlieben Sie sich in einen Mann, nicht in das Bild, das Sie sich von ihm machen. Es ist unklug, sich in den, der der Mann vielleicht einmal sein wird, zu verlieben. Sie können *gar nicht* wissen, wie er in Zukunft sein wird. Und dann – Sie müßten zumindest lange warten, bis Ihr Mann der sein wird, den sie wirklich wollen.

Häufig stoßen Sie auf einen Mann, der in irgendeinem Bereich seines Lebens Hilfe benötigt. Sie sehen es als Ihre Pflicht an, das Problem zu lösen und Ihrem Geliebten bei der Überwindung der Dinge zu helfen, die ihn davon abhalten, seine Möglichkeiten voll auszuschöpfen. In einer derartigen Beziehung erfüllt sich vielleicht Ihr mütterlicher Trieb sowie der Wunsch, gebraucht zu werden – aber das ist nicht die Beziehung, die Sie wollen.

Viele Frauen suchen sich Männer aus, die sich ihnen in der einen oder anderen Weise verweigern. Und die Frauen glauben, daß sie, wenn sie ihnen genug Liebe geben und genug für sie tun, *die* Liebe bekommen, die sie sich ersehnen. Sie machen sich auf die Suche nach der Liebe eines Mannes und verwenden mehr Zeit und Anstrengung auf seine Bedürfnisse als auf ihre eigenen Interessen.

Ihre oberste Pflicht ist es, Ihr eigenes Potential zu verwirklichen, nicht das Ihres Geliebten oder Ihres Lebensgefährten! Wenn Sie sich nicht um Ihre eigenen Bedürfnisse kümmern – dann wird es auch kein anderer tun. Schließlich wollen Sie in einer auf Fürsorge beruhenden Partnerschaft leben, in der Ihr Mann *Sie* liebt und nicht das, was Sie für ihn tun. Der einzige Weg, eine gesunde Partnerbeziehung zu führen, besteht darin, den Mann für das zu lieben, was er jetzt ist, und nicht für das, was er sein wird oder sein könnte.

Machen Sie sich frei von Illusionen

Sie müssen ganz objektiv sehen, wie Ihr Mann ist, nicht wie Sie ihn gerne hätten. Romantik besteht zu neunzig Prozent aus Illusion und zu zehn Prozent aus Wirklichkeit. Aber das Schlimmste, was Sie tun können, wäre, eine Bindung einzugehen, die auf einer romantischen Illusion beruht. Sie müssen die rosarote Brille abnehmen und feststellen, wie Sie Ihre Bedürfnisse in der Beziehung zu diesem Mann befriedigen können.

Sprechen Sie mit Ihrem Partner über die Art der Beziehung, die Sie führen wollen. Versuchen Sie nicht, Ihre Ziele an etwas anzupassen, was Sie für *seine* Zielvorstellungen halten. Wenn Sie nicht ehrlich mit Ihren Wünschen sind, ist die Beziehung zum Scheitern verurteilt. Fragen

Sie ihn, wie er sich die Beziehung vorstellt, und hören Sie wirklich zu, wenn er antwortet.

Wenn Sie spezielle Bedürfnisse haben, denen Ihr Partner nicht entspricht, teilen Sie ihm dies konkret mit. Wenn er ihnen nachkommen möchte, dann ist es gut. Wenn er Ihnen nicht geben will, worum Sie ihn bitten – und dennoch sagt, er liebe Sie –, dann haben Sie kein Recht, ärgerlich auf ihn zu sein. Er kann mit seinem Leben tun, was er will – wie auch Sie Herrin Ihrer Entscheidungen sind.

Sie müssen in aller Ausführlichkeit über Ihren Wunsch sprechen, um sicherzugehen, daß Sie verstanden werden. Hören Sie gut zu, wie er Sie zu verstehen glaubt. Finden Sie heraus, was das für ihn bedeutet. Natürlich ist möglich, daß er nicht einmal weiß, warum er so fühlt; und auch das ist sein gutes Recht. Sie können ihn nicht zwingen, über bestimmte Dinge zu reden, aber Sie können versuchen, ihm entdecken zu helfen, wie seine Gefühle gelagert sind – sofern Sie es auf eine freundliche und hilfsbereite Weise tun. Denn wenn Ihr Partner sich befriedigt fühlt, dann wird er Ihnen im Gegenzug eher geben, worum Sie ihn bitten.

Wenn Ihr Partner nicht willens oder unfähig ist, sich so zu verhalten, daß Sie sich in einer guten Beziehung wiederfinden, dann müssen Sie ihn verlassen. Keine noch so große Selbstbeherrschung kann eine grundlegende Unvereinbarkeit zwischen den Partnern aus der Welt räumen. Wenn Sie nicht bekommen, was Sie wollen, werden Sie nie glücklich sein. Und Ihr Partner muß Ihnen geben, was Sie wollen – versuchen Sie bloß nicht, durch Streiten das gewünschte Betragen von ihm zu erhalten, das klappt nie!

Lieben Sie ihn, oder verlassen Sie ihn

Sie haben zwei Möglichkeiten in einer Beziehung: Seien Sie glücklich mit Ihrem Partner und nehmen Sie seine Fehler in Kauf; oder verlassen Sie ihn, damit Sie jemanden finden können, der Ihnen gibt, was Sie wollen.

Lieben Sie ihn: Zollen Sie dem, was Ihr Partner Ihnen zu geben vermag, Respekt. Wir alle haben Fehler und Unsicherheiten. Sie wollen einen Mann, der Sie liebt und akzeptiert, also müssen Sie ihn im Gegenzug so nehmen, wie er ist. Selbst wenn Sie und Ihr Partner nicht genau dieselben Vorstellungen von dem haben, was Ihre Definition von Liebe alles umfaßt – wenn Fürsorge und Achtung und die grundlegenden Eigenschaften, die Sie von einem Mann erwarten, vorhanden sind, dann können Sie immer Kompromisse erarbeiten, wenn Sie mit neuen Situationen und persönlichen Differenzen konfrontiert sind.

Beginnen Sie jedoch von Ihrem Partner zu erwarten, er müsse jeder Anforderung, die Sie an einen »idealen Lebensgefährten« stellen, gerecht werden, so laufen Sie Gefahr, die gute Beziehung zu zerstören. Kein Mann wird je in der Lage sein, alles das zu sein, was Sie wünschen.

Verlassen Sie ihn: Erwartungen können Sie veranlassen, Beziehungen aufrechtzuerhalten, die Sie nicht befriedigen, weil Sie immer in der Hoffnung leben, eines Tages würde sich alles ändern. Gewöhnlich führt das zu langen, ermüdenden Kämpfen und Streitereien über das Wesen der Beziehung. Man ist schnell in einem Teufelskreis gefangen, in dem versucht wird, den Partner zum gewünschten Verhalten zu zwingen, wenn er es nicht von selbst an den Tag legt. Das sieht ungefähr so aus: Sie kämpfen, schließen eine unbehagliche Waffenruhe, und wenn er wiederum Ihren Erwartungen nicht entspricht, fangen Sie den ganzen Kreislauf wieder von vorne an.

Vergessen Sie nicht, daß die Mehrheit aller Beziehungen irgendwann einmal endet; Sie müssen also damit rechnen, daß entweder Sie oder Ihr Partner eines Tages merken werden, daß dies nicht die Liebe ist, die man sich erhofft hat. Da die Hälfte aller Ehen mit Scheidung endet und der Anteil der gescheiterten, weniger festen Beziehungen noch wesentlich höher ist, ist mehr als wahrscheinlich, daß Sie nicht Ihr ganzes Leben lang mit Ihrem Partner zusammen sein werden.

Gehen Sie also einige Risiken ein. Vielleicht bekommen Sie von Ihrem gegenwärtigen Partner, was Sie wollen, wenn Sie klarstellen, daß es wichtiger für Sie ist, sich die Chance einer Beziehung zu erhalten, die Ihnen gibt, was Sie wollen, als in einer zu verharren, wo das nicht der Fall ist. Wenn er das weiß, aber Ihnen nicht gibt, was Sie brauchen – und wenn Sie das Gefühl haben, daß sich eine Atmosphäre von Groll und Aggressivität um Sie herum breitmacht – dann ist es Zeit für Sie, ihn zu verlassen. Sie haben nichts zu verlieren als eine Beziehung, die Sie nicht befriedigt.

Abstand halten!

Wir alle wissen, daß es Männertypen gibt, die Frauen besser meiden sollten. Wir kennen sie aus Fernsehsendungen, Büchern, Kinofilmen, und wir wissen von Anfang an, welche Frauen – unter großen seelischen Qualen – auf sie hereinfallen werden. Hindert das Frauen etwa daran, sich in solche Männer zu verlieben? Nein. Auf die Gefahr hin, Ihnen nichts Neues zu sagen: Hier ist eine kleine Liste mit Männern, von denen Sie lieber Abstand halten sollten.

Meiden Sie also

1. Männer, die von Drogen, Alkohol oder Glücksspielen abhängig sind und ihre Sucht nicht eingestehen,
2. Männer, die verbittert oder negativ sind,
3. Männer, die äußerst eifersüchtig oder herrschsüchtig sind,

4. Männer, die wollen, daß Sie bei allem die Initiative übernehmen und sich um alles kümmern,
5. Männer, die ganz deutlich asoziales Verhalten an den Tag legen.

Dies alles sind Männer, die Probleme in ihrem eigenen Leben zu lösen haben. Daher können sie der Beziehung nicht die Zeit und Aufmerksamkeit schenken, die Sie verdienen. Sie verletzen sich nur selbst, indem Sie Ihre Zeit und Aufmerksamkeit den Bedürfnissen dieser Männer widmen, anstatt sich auf Ihre eigenen zu konzentrieren.

Monogamie

Wenn zwei Menschen beschließen zu heiraten, ist schwer zu erraten, welche insgeheimen Versprechen und Vorbehalte in den Köpfen der beiden herumgeistern. Möglicherweise glauben Sie, daß Sie durch die Heirat oder durch die Zustimmung, monogam zu leben, automatisch bekommen, was Sie wollen. Aber das ist nicht unbedingt der Fall. Der Bund der Ehe an sich bringt Ihnen nichts, wenn Ihre speziellen Bedürfnisse nicht *sofort* befriedigt werden und die Ziele und Wertvorstellungen nicht miteinander vereinbar sind.
Zu behaupten, Frauen wünschten eine feste Bindung mehr als Männer, entspricht nicht der Wahrheit. Jeder Mensch hat – in einem gewissen Maß – den Wunsch nach einem Lebensgefährten. Manchmal ist dieser Wunsch so stark, daß ein Mensch um der festen Bindung willen einen Kompromiß eingeht. Aber das führt in die Katastrophe. Immer wenn wahre Wünsche unterlaufen werden, kann eine Beziehung nicht lange überleben.

Verpflichten Sie sich nie zu einer monogamen Partnerschaft, die auf Ihrer Hoffnung beruht, Ihr Lebensgefährte werde Ihnen schon geben, was Sie wollen. Sie begeben sich in eine Falle, die Sie in einer unbefriedigenden Beziehung gefangenhält, ohne Ihnen die Freiheit zu geben, die Sie benötigen, um eine befriedigende Beziehung aufzubauen.

Ehefrauen

Die meisten Frauen möchten gerne eine monogame Beziehung eingehen und aufrechterhalten. Doch die Statistik zeigt, daß die Zahl der an Depressionen leidenden Frauen bei verheirateten um zwanzig Prozent höher liegt als bei unverheirateten, wohingegen verheiratete Männer die glücklichste Gruppe ausmachen. Offenbar erfüllen sich die Erwartungen vieler Frauen nicht.

Schauen wir uns die Institution Ehe genauer an. Von den Frauen wird erwartet, daß sie sich um Kinder, Ehemann und Heim kümmern. Auch wenn beide Partner außer Haus arbeiten, verrichten Frauen mehr Hausarbeit und verbringen mehr Zeit mit den Kindern als ihre Ehemänner. Wie eh und je sieht man die Frauen als die Fürsorgenden, die Erfüllung durch die Befriedigung der Bedürfnisse anderer erfahren.

Frauen haben immer ihr eigenes Ideal von der Ehe, und als Ehefrauen versuchen sie, dieses Ideal zu erfüllen. Stellen Sie bei sich fest, daß Sie Dinge tun, die Ihr Ehemann bevorzugt, kleiden Sie sich, wie er es gern hat, und handeln Sie so, wie er will? Das tun Sie, weil man von Ihnen erwartet, daß Sie Ihren Ehemann zufriedenstellen und ihm gefallen. Doch häufig bedeutet das, daß Sie sich in eine Person verwandeln, die Sie gar nicht sind. Genau der Wunsch, die Ehe möge glücken, setzt die Frau am meisten unter Druck – und zerstört schließlich Sex, Liebe und Ehe.

Ehemänner

Männer brauchen Frauen, genauso wie Frauen Männer brauchen. Gegenwärtigen Umfragen zufolge heiraten 94 Prozent aller Männer, und sie verheiraten sich nach einer Scheidung oder dem Tod der Ehefrau viel schneller wieder als Frauen. Männer leben länger, wenn sie verheiratet sind. Nicht nur begehen geschiedene Männer eher Selbstmord, auch ist die Wahrscheinlichkeit größer, daß Witwer innerhalb der ersten sechs Monate nach dem Tod ihrer Ehefrau sterben, als im umgekehrten Fall.

Vielleicht geht es Männern in unserer Gesellschaft besser, wenn sie in einer ehelichen Gemeinschaft leben, weil sich eine sorgende Ehefrau um ihre emotionalen und körperlichen Bedürfnisse kümmert. Seit alters her soll die Ehefrau für ihren Mann ein Heim schaffen, seine Wunden versorgen, ihn bewundern und ihm Kinder schenken. Sie feiert mit ihm seine Erfolge und tröstet ihn, wenn er Niederlagen erleidet. Sie sorgt für eine Atmosphäre, in der ihr Mann Bequemlichkeit und Rücksicht genießt, was ihn wiederum dazu anspornen soll, ihr treu zu sein und sie zu unterstützen. Ehefrauen übernehmen es oft, die zwischenmenschliche Kommunikation aufrechtzuerhalten, den Ehemann aufmerksam zu beobachten, um festzustellen, was er will und braucht, ohne daß er es explizit sagt.

Das mag Ihrer Vorstellung von einer Ehe entgegenkommen – oder auch nicht. Vielleicht versuchen Sie beide, in den traditionellen Rollen aufzugehen, ohne wirklich zu prüfen, was Sie von Ihrer Ehe tatsächlich wollen.

Was wollen Männer?

Sie lieben ihn, also wollen Sie, daß er sich gut fühlt. Wenn Sie Ihren Partner unterstützen und liebevoll mit seinen Fehlern umgehen, wird er sich in Ihrer Nähe wohl fühlen. Für viele Männer bedeutet *das* Liebe. Und Sie binden Ihren Mann in Liebe an sich, indem Sie dafür sorgen, daß er sich besser fühlt, wenn er mit Ihnen zusammen ist, als wenn er mit jemand anderem zusammen ist. Auf diese Weise bekommen Sie, was Sie wirklich wollen.

Loben Sie ihn

Nach der Theorie des »Alpha-Männchens« in der Affenhorde fühlt sich ein Weibchen eher von einem erfolgreichen Männchen angezogen, weil das Männchen beweist, daß es besser imstande ist, für das Weibchen und ihr Junges zu sorgen. Das Alpha-Männchen besitzt vermutlich die begehrenswertesten Eigenschaften, die an die nächste Generation weitergegeben werden sollten.

Wenn Sie Ihren Partner loben und bewundern, geben Sie ihm mehr als nur Streicheleinheiten für sein Ego. Sie kommen seinem biologischen Trieb, ein begehrenswertes »Männchen« zu sein, entgegen.

Übrigens, wenn Sie ihn wissen lassen, daß Sie ihn für wunderbar und einzigartig halten, wird er versuchen, so zu werden – das entspricht dem menschlichen Wesen. Sein Ego wird ihn anspornen, die Herausforderung anzunehmen. Das heißt nicht, daß Sie sich selbst zur Sklavin seiner Wünsche machen oder sich herabsetzen sollen, damit er sich größer fühlt. Ihre Meinung wird viel ernster genommen werden, wenn Ihr Partner Sie als starken und selbstsicheren Menschen wahrnimmt.

Und was die sexuellen Begegnungen betrifft, so fühlen

sich Männer genauso durch Lob und Bewunderung animiert, wie es Frauen Vergnügen bereitet, romantisch umworben zu werden. Es ist ein Ausdruck des Begehrens, der dazu beitragen kann, zwischen zwei Menschen eine magische Spannung zu erzeugen.

Sorgen Sie für ihn

Sorgen Sie für Ihren Partner, nicht nur in körperlicher, sondern auch in emotionaler Hinsicht. Wir alle suchen nach Gefährten, nach einem Menschen, der uns bei den großen Herausforderungen des Lebens – und auch in weniger bedeutenden Angelegenheiten – zur Seite steht, sei es bei der Wahl eines guten Haarschnitts oder der Auswahl unserer Kleidung. Wenn Sie gegenüber Ihrem Partner eine fürsorgliche und nicht kritisierende Haltung einnehmen, wird er viel eher auf Ihre Vorschläge hören. Jeder Mensch hat Unsicherheiten. Irgendwann waren wir alle Kinder, verletzbar durch das, was wir nicht verstanden. Erkennen Sie das verletzte Kind in jedem Menschen. Ganz gleich, wie selbstsicher jemand wirken mag, jeder möchte den eigenen Wert bestätigt wissen. Je selbstsicherer ein Mensch auftritt, desto unsicherer ist er in Wirklichkeit oft. Es ist leicht herauszufinden, was im Leben eines Mannes zählt. Hören Sie zu, wenn er über sich spricht. Wenn Sie da, wo er sich unbehaglich fühlt, auf einen positiven Gesichtspunkt verweisen können, dann haben Sie schon viel dazu beigetragen, daß er sich sicherer fühlt, wenn er mit Ihnen zusammen ist.

Begehren Sie ihn

Jeder will einen Partner, der imstande ist, den eigenen Sexualtrieb zu stimulieren und zu befriedigen. Da unsere Sexualität so viel Einfluß auf die Entwicklung unseres

Charakters hat, ist sie in Ihrer Beziehung unleugbar von großer Wichtigkeit. Fast die Hälfte dieses Buches ist den verschiedenen Ausdrucksmöglichkeiten von Sexualität und Begierde sowie dem gegenseitigen Austausch von Emotionen gewidmet.

Wenn Sie sich selbst erlauben, Ihrer sexuellen Begierde ungehindert Ausdruck zu verleihen, wird Ihr Partner eher geneigt sein, seine Sexualität mit Ihnen zu teilen. Damit können Sie entdecken, was ihn sexuell erregt, und dabei Ihre eigene Sexualität mit ihm erforschen. Dann wird Ihre Beziehung auf einer festen Grundlage von Intimität und Vertrauen beruhen.

Verzeihen Sie ihm

Je ernsthafter die Beziehung, desto wahrscheinlicher, daß einer oder beide Partner nach einer Meinungsverschiedenheit oder einem Mißverständnis verletzt reagiert. Jeder hat seine eigene Art, über eine Kränkung hinwegzukommen, aber je größer die Vertrautheit ist, desto tiefer wird die Verletzung vermutlich gehen.

Sich ärgern ist etwas sehr Menschliches, und es kann geradezu gefährlich für Ihre Gesundheit sein, Ärger hinunterzuschlucken. Doch Ärger an und für sich führt zu nichts, wenn er sich gegen jemanden richtet, den Sie lieben. Sie müssen Ihren Ärger überwinden, um ein Problem zu lösen, und die beste Art und Weise, ein Problem zwischen zwei Menschen anzugehen, besteht darin, sich ihm mit Offenheit und ohne Wertung zu nähern.

Wie bringen Sie es fertig, daß Ihr Partner ebenso reagiert? Indem Sie ihm mit einer fürsorglichen, verzeihenden Haltung entgegenkommen, wenn etwas schiefgelaufen ist. Ergehen Sie sich nicht in Schuldzuweisungen, und reagieren Sie sich auch nicht an ihm ab. Die Tatsache, daß Ihr

Partner Sie verletzt hat, gibt Ihnen nicht das Recht, es ihm mit gleicher Münze heimzuzahlen. Entgegen unserem Instinkt, zurückzuschlagen, stellt das weder das Gleichgewicht wieder her, noch tut es der Beziehung gut.
Erkennen Sie immer die Bindung an, die Sie eingegangen sind, ehe Sie zum Ausdruck bringen, was Sie stört. Damit stellen Sie Ihre gemeinsamen Ziele klar, bevor irgend etwas gesagt wird. Man muß das auch nicht als Herausforderung darstellen. Gehen Sie davon aus, daß Ihr Bund immer noch hält und daß die Liebe, die Sie verbindet, Sie und Ihren Partner auf ein und dieselbe Seite stellt. Wenn Sie »als Verbündete« agieren, werden Sie imstande sein, jedes Mißverständnis auszuräumen, das sich einmal einstellen könnte.

Hören Sie ihm zu

Sie können jemanden nur kennenlernen, wenn Sie ihm zuhören. Das versteht sich doch von selbst, oder? Aber wenn Sie sich zu jemandem hingezogen fühlen, mit dem Sie gut harmonieren, dann haben Sie oft das starke Bedürfnis, ihm all Ihre Träume und Pläne zu erzählen. Es ist sehr leicht, sich einer Illusion über einen Mann oder eine Beziehung hinzugeben, wenn nur Sie allein daran arbeiten. Stören Sie das natürliche Wachsen und die Entwicklung der Beziehung nicht durch einen zu starken Drang nach schneller Vertrautheit!
Es ist kontraproduktiv, sich zu weit und zu rasch einem Menschen zu öffnen. Sie sollten anderen die Zeit lassen, Sie kennenlernen zu wollen. Je mehr ein Mann den Wunsch verspürt, Sie zu kennen, desto wichtiger werden all Ihre Gedanken und Gefühle für ihn sein. Ganz abgesehen von dem, was er will – das ist es doch, was Sie wirklich von ihm wollen, nicht wahr?

Schlüssel zu einer guten Beziehung

Die Beziehung bejahen

Setzen Sie nie die Beziehung aufs Spiel, wenn Sie streiten. Klingt das nicht wie ein Widerspruch? Denn wenn Sie nicht das bekommen, was Sie wollen, dann ist es gut möglich, daß Sie gehen, nicht wahr? Warum sollen Sie also nicht damit drohen?

Nun, die einzige Möglichkeit, die Probleme in einer Beziehung zu lösen, besteht darin, zusammenzuarbeiten. Weder er noch Sie können das alleine schaffen. Sie müssen kooperieren, damit Kommunikation entstehen kann. Wenn die Beziehung bei jeder Auseinandersetzung zur Debatte steht, ist es nur eine Frage der Zeit, wann Sie sich trennen.

Vergessen Sie nie, daß ein Mensch, der ständig eine Beziehung in Frage stellt, die Beherrschung über sie verliert. Jedesmal, wenn die Drohung ausgesprochen wird, hat sie weniger Gewicht, bis sie überhaupt nicht mehr wirkt. Und daß das Bestehen Ihrer Beziehung an sich unbedeutend wird, ist das Letzte, das Sie wollen.

Richtig und falsch

Um eine gute Beziehung aufzubauen, müssen Sie in einer Atmosphäre leben, die frei von ständiger Kritik ist. Nur so werden Sie imstande sein, neue Wege zu erschließen – ob es um sexuelle Ausdrucksmöglichkeiten geht oder darum, wer die Küche saubermacht. Sobald Sie einmal angefangen haben, ein Verhalten als gut oder schlecht einzustufen, beginnen Sie, die jeweiligen Reaktionen auf gefährliche Weise einzuschränken.

Es mag merkwürdig klingen – aber Sie sind nie im Unrecht. In *Ihren* eigenen Augen tun Sie immer genau das

Richtige. Nur wenn ein anderer Ihre Standpunkte ausdeutet und beurteilt, können Sie unrecht haben.
Umgekehrt tun auch alle anderen Menschen in ihren eigenen Augen immer das Richtige für sich. Fazit: Sie selbst dürfen kein Urteil fällen – nur Verhaltensmuster beobachten. Denn schlußendlich werden Sie nie wirklich wissen, warum jemand beschlossen hat, etwas zu tun. Wenn Sie dieses Prinzip beibehalten, wird immer Kommunikation zwischen Ihnen beiden möglich sein.
Das bedeutet, daß Sie mit den kleinen tagtäglichen Reibereien, die so häufig Symptome anderer Probleme sind, so umgehen sollten, daß Sie sich nicht in Belanglosigkeiten verzetteln. Beispielsweise streiten Sie vielleicht, weil *er* fernsehen möchte, wohingegen *Sie* gerne mit ihm Abendessen gingen. Kein Entschluß ist richtig oder falsch, selbst wenn Ihr Partner bereits in der ganzen vergangenen Woche schon ferngesehen hat. Wenn Sie akzeptieren, daß er tut, was er braucht, wird er viel eher geneigt sein, Ihre Gefühle und Wünsche zu akzeptieren. Wenn Sie beide wissen, daß es keine Veranlassung gibt, in die Defensive zu gehen, werden Sie gelassen genug sein, mit ihm darüber zu sprechen, warum Sie etwas tun wollen. Dann können Sie einen Kompromiß erarbeiten, bei dem Sie beide bekommen, was Sie brauchen.

Streit

Streitigkeiten gehen normalerweise aus Mißverständnissen, nicht aus Meinungsverschiedenheiten hervor. Mißverständnisse sind gewöhnlich Kommunikationsprobleme, wohingegen Meinungsverschiedenheiten grundlegende Differenzen in Einstellungen und Werten sind.
Jeder von uns mißt Worten verschiedene Bedeutungen bei. Persönlichkeit, soziale Herkunft und milieubedingte Er-

wartungen tragen zu den Definitionen von Worten bei. Entspricht nun seine Meinung oder Ihre der Wirklichkeit? Unsere Anschauungen beeinflussen unsere Antworten mehr, als die Wirklichkeit einer bestimmten Situation. Die meisten Streitigkeiten beginnen damit, daß ein Mensch wütend wird, der andere sich hingegen nicht einmal bewußt ist, etwas Falsches getan zu haben. Es ist fast immer ein Problem der Definition.
Sogar in unseren grundlegendsten Meinungen über uns selbst sind wir voller Widersprüche: Sie sind stolz, weil Sie in der Hochschule gute Noten bekamen und nun eine gute Stellung haben, aber Sie fühlen sich minderwertig, weil Sie fünfzehn Pfund Übergewicht und keinen Mann an Ihrer Seite haben. Angesichts solch innerer Kontroversen ist es nur natürlich, daß zwischen zwei Menschen Mißverständnisse auftreten.
Sie beide sind es sich gegenseitig schuldig, daß Sie den Versuch unternehmen, den Standpunkt des anderen zu sehen. Versuchen Sie's wirklich! Denken Sie daran: Er hat nicht unrecht. Er tut, was zu diesem Zeitpunkt genau das Richtige für ihn ist. Defensiv oder ärgerlich zu reagieren hält Sie davon ab, seine Motivationen zu verstehen. Und schlußendlich: Wenn Sie beide übereingekommen sind, daß Sie zusammen leben wollen, wird keiner von beiden geneigt sein, absichtlich Dinge zu tun, die den anderen aufregen oder vertreiben. Wenn das Ihre Ausgangsposition ist, werden Sie ihn viel besser verstehen und ihm Ihre eigenen Gefühle mitteilen können.

Legen Sie das »Du solltest« ab

Wenn Sie »du solltest« sagen, vertuschen Sie den wahren Grund, warum Sie etwas Bestimmtes tun oder haben wollen. Ansichten müssen hinterfragt werden, um die Wahrheit herauszufinden. Ihr Partner soll Sie respektieren. Warum? Weil Sie als gleichberechtigt angesehen werden wollen? Oder erwarten Sie von ihm, daß *er* Sie als gleichberechtigt anerkennt, anstatt diesen Status von sich aus zu beanspruchen? Sie müssen hierzu unbedingt Ihre eigenen Gefühle kennen. »Du solltest« ist häufig ein Zeichen dafür, daß Sie in bestimmten Bereichen Ihres Lebens Ihre Meinung von jemandem abhängig machen.

Streitereien über »du solltest« können bedenklich seicht und gefährlich sein. Hindern Sie sich selbst daran, die Worte auszusprechen. Forschen Sie nach und finden Sie heraus, was Sie in dieser besonderen Lage wirklich fühlen. Das wird die Kommunikation zwischen Ihnen vertiefen. »Du solltest« sollten Sie ausklammern wie die Kategorien »richtig« oder »falsch«! Sie sind imstande, dem Problem auf den Grund zu gehen, wenn Sie Schuldzuweisungen und Einschränkungen unterlassen.

Und wenn Sie also jemanden sagen hören, daß Sie etwas tun sollten, fragen Sie ihn, warum. Sie werden etwas mehr über die Anschauungen des Betreffenden herausfinden, wenn Sie seine »Du solltest«-Ansprüche analysieren.

Eifersucht

Sie sind eifersüchtig, wenn Sie einer anderen Person erlauben, Ihr Verhalten Ihrem Partner gegenüber zu beherrschen. Andere Leute haben mit Ihrer Beziehung nichts zu tun! Weder seine frühere Freundin oder Exfrau noch seine Mutter, noch Ihre eigene Mutter, noch Ihre Freunde … Wenn Sie beide sich gegenseitig sagen, was Sie wollen – dann bringen Sie bitte nie die Erwartungen und Wünsche anderer Leute ins Spiel! Nur Ihre und seine Anliegen zählen.

Auch wenn Sie nicht ganz davon überzeugt sind – tun Sie so, als ob. Eifersuchtsgefühle zu ignorieren schadet nie, und mit der Zeit kann es Ihr Leben entscheidend verbessern, wenn Sie nie zulassen, daß die Meinungen anderer Leute Ihr emotionales Gleichgewicht stören.

Langfristig ist es das beste, nicht auf die sexuellen Eigenheiten früherer Liebhaber einzugehen. Was immer Sie tun, vergleichen Sie nie das Verhalten Ihres Partners im Bett mit irgend jemand anderem, selbst wenn er dabei besser wegkommt. Niemand wird gerne beurteilt, und wenn Sie Ihren früheren Liebhaber kritisieren, fragt sich Ihr gegenwärtiger Partner möglicherweise, was Sie ihm – zu seiner eigenen Person – verschweigen.

Wenn er anderen Frauen nachsieht

Bewundern Sie andere Frauen, wenn Ihr Partner es tut, und machen Sie ihn darauf aufmerksam, wenn Frauen ihm Komplimente machen oder ihn anschauen. Wie, das kommt Ihnen absurd vor? Nun, Sie werden ihn nicht davon abhalten, anderen Frauen nachzuschauen, indem Sie dagegen sind.

Es heißt, Männer orientieren sich eher visuell, Frauen reagieren mehr auf verbale Signale. Doch sind diese Reaktionen keineswegs physiologisch bedingt – sie sind Auswirkungen der Sozialisierung, die Jungen und Mädchen im Laufe ihrer Erziehung zuteil wird. Wenn Sie erkennen, daß Ihr Partner gelernt hat, auf Frauen zu reagieren, indem er ihnen nachblickt, und wenn Sie sein Verhalten akzeptieren, leiten Sie seine Reaktion geschickt in einen Bereich, wo Frauen sich zu Hause fühlen – da, wo diskutiert wird. Sie lenken seine Impulse in Richtung Kommunikation, dahin, wo Sie sicherer sind. Schlußendlich ist es belanglos, wie andere Frauen aussehen; Sie wollen ja nur si-

chergehen, daß Ihr Partner mit Ihnen zusammen sein möchte.
Indem Sie ihn ermutigen, seine Ansichten ungehindert mitzuteilen, haben Sie die Macht auf Ihrer Seite. Sie haben ihm erlaubt, attraktiven Frauen nachzuschauen. Sie können ihn sogar selbst auf eine attraktive Frau aufmerksam machen. Wenn Sie diese unkomplizierte Kunst des Gebens beherrschen, werden Sie finden, daß er Ihnen viel offener entgegentritt – sowohl sexuell als auch emotional. Das stärkt Ihre Position in der Beziehung.

Zeit zusammen verbringen

Haben Sie gemeinsame Interessen? Und welche? Zeit zusammen verbringen bedeutet nicht, daß Sie Dinge aufgeben, die Sie gerne tun und nur noch an seinen Lieblingsbeschäftigungen teilnehmen. Wenn Sie etwas Derartiges an sich feststellen, dann schauen Sie einmal genau hin. Vielleicht haben Sie gar nicht so vieles gemeinsam, wie Sie denken.
Es ist also wichtig, Dinge zusammen zu unternehmen, auch nach der ersten Erregung und Verliebtheit. Im Idealfall entdecken Sie beide zusammen neue Dinge; übernehmen Sie dabei die Initiative, wenn es nötig ist. Erwarten Sie nicht, daß Ihr Partner sich dafür einsetzt, daß Sie gemeinsam Dinge tun, und ärgern Sie sich nicht, wenn nicht er den ersten Schritt tut und neue Aktivitäten vorschlägt. Das ist ein Fall, wo Sie durch Ihr Beispiel und Ihre Ermunterung das Heft in die Hand nehmen können. Also tun Sie's auch. Wenn Sie wirklich zusammenpassen, werden Sie Möglichkeiten finden, Zeit auf vergnügliche Weise zusammen zu verbringen. Das ist der einzige Weg, eine Beziehung lebendig zu erhalten.

Wie Sie bekommen, was Sie wollen

Was tun, wenn der Mann, den Sie wollen, nicht an Ihnen interessiert zu sein scheint? Oder wenn der Mann, den Sie haben, zwar so ist, wie Sie wollen, aber nicht alles tut, was Sie gerne möchten?

Daß Sie zusammenpassen, ist unerläßlich, aber Sie können nicht erwarten, daß Ihr Partner immer *weiß*, was Sie brauchen. Niemand kann Gedanken lesen. Sie können auch nicht unbedingt erwarten, daß Ihr Partner die Initiative ergreift, wenn es darum geht, herauszufinden, was Sie brauchen. Ihre Wünsche sind zu wichtig für Sie, als daß Sie sich hier passiv verhalten dürften. Werden Sie aktiv! Bringen Sie in Erfahrung, was Ihr Partner von Ihnen braucht, und machen Sie ihm klar, was Sie wollen.

Stellen Sie Ihre Wünsche nicht in Frage

Besonders in einer neuen Beziehung müssen Sie deutlich zum Ausdruck bringen, was Sie wollen. Wenn ein bestimmtes Verhalten oder Handeln Ihres Partners wesentlich zu Ihrem Glück beiträgt, dann sollten Sie auch keine Kompromisse machen. Wenn Sie beispielsweise Verabredungen in allerletzter Minute nicht mögen – vielleicht haben Sie dabei das Gefühl, Sie müßten ihm stets zur Verfügung stehen –, dann sagen Sie ihm, daß Sie ihn nicht sehen wollen, ehe Sie nicht beide einen bestimmten Zeitpunkt vereinbart haben. Geben Sie nicht nach, denn sonst hat er keinen Grund mehr, zu tun, was Sie wollen. Und wenn er keine Pläne macht, wann und wie er Sie sehen könnte, dann haben Sie nichts verloren außer einen Mann, der Sie nicht so behandelt, wie Sie es wünschen.

Wenn Sie gleich zu Beginn entschlossen auftreten und er wirklich den Wunsch hat, Sie kennenzulernen und Ihnen zu gefallen, dann können Sie fast alles bekommen, was Sie wollen. Aber denken Sie daran: Auch wenn Sie Ihre wahren Wünsche nicht unterdrücken sollten, werden Sie gelegentlich Kompromisse einzugehen haben. Niemand wird je den idealen Partner haben, den er sich erträumt hat, aber Sie können besser leben, wenn Sie freundlich und unmißverständlich klarstellen, was Sie wollen.

Manipulation

Die Definition des Wortes Manipulation lautet: etwas geschickt und umsichtig handhaben oder bewerkstelligen; den Verlauf einer Handlung steuern oder lenken. Warum hat der Begriff Manipulation heutzutage einen so schlechten Ruf? Weil der verbreiteten Ansicht zufolge das Wort Manipulation unfaire und hinterhältige Taktiken einschließt.

Den Frauen sind im Laufe der Geschichte meistens die Rollen der Untergebenen zugeschoben worden; infolgedessen haben sie es sich zu eigen gemacht, Ihre Partner zu manipulieren, um zu bekommen, was sie wollen – indem sie ihren Männern einreden, sie bekämen, was sie wollten, während die Männer im Grunde ihnen geben, was sie – die Frauen – wollen. Das entsprach dem gewöhnlichen Verhalten der Frauen, als noch Männer die Machtpositionen innehatten.

Heute sind die Frauen natürlich dabei, sich ebenso Zugang zur Macht zu verschaffen. Aber wir leben in einer Übergangsepoche. Viele Frauen finden es immer noch leichter, zu manipulieren als offen und ehrlich zu sagen, was sie wollen, und nur da Kompromisse einzugehen, wo es darum geht, *wie* sie es bekommen.

Manipulation an sich ist nichts Schlechtes, aber wenn Sie sich weigern einzugestehen, daß Sie Ihren Partner manipuliert haben, weigern Sie sich, einzuräumen, daß Sie Ihre Beziehung aktiv mitgestalten können. Gestehen Sie es sich zumindest selbst ein und machen Sie sich klar, daß Sie die Macht haben, die Beziehung ganz offen in die von Ihnen gewünschte Richtung zu lenken.

Psychologisches Jiu-Jitsu

Hier ist ein Beispiel dafür, wie Sie von Ihrem Partner bekommen, was Sie wollen, während er denkt, er bekäme, was er selbst will.

Das psychologische Jiu-Jitsu funktioniert in fast jeder Situation. Wenn Sie wollen, daß er mehr Zeit mit Ihnen verbringt, er aber nie Zeit hat, dann gehen Sie eben allein aus. Lassen Sie ihn wissen, wieviel Spaß Sie hatten und wie viele interessante Leute Sie getroffen haben. Zeigen Sie sich ruhig gleichgültig, ja sogar etwas zögernd, wenn es darum geht, ob er sich Ihnen anschließen soll. Wenn Sie merken, daß sein Interesse zunimmt, dann ist die Zeit für eine Diskussion gekommen. Er ist nun interessiert genug, um Ihren Argumenten zuzuhören, und bald werden Sie ihn überhaupt nicht mehr davon abhalten können, sich Ihnen anzuschließen.

Menschen wollen gewöhnlich das, von dem Sie glauben, sie könnten es nicht bekommen. Insbesondere zu Beginn einer Beziehung kann es das Interesse eines Mannes sogar erhöhen, wenn Sie nicht immer verfügbar sind. Jeder weiß, wie wenig Ausstrahlung verzweifelte Menschen haben – selbst die kleinste Spur von Verzweiflung kann bewirken, daß Ihr Partner das Interesse an Ihnen verliert.

Wenn Sie an einen »uninteressierten« Mann geraten sind

Was ist, wenn Sie einem Mann begegnen, der Ihnen zusagt, der jedoch nicht an Ihnen interessiert ist? Das

Dümmste, das Sie tun können, wäre, ihm sofort die große Liebe zu gestehen. Wenn Männer sich begehrt fühlen, reagieren sie anders als Frauen. Die meisten Frauen setzen Aufmerksamkeit mit Liebe gleich; für viele Männer jedoch bedeutet die Aufmerksamkeit von einer Frau nur eine Aufwertung ihres Egos. Wenn Sie ihm ohnehin all Ihre Aufmerksamkeit schenken, warum sollte er sich dann noch anstrengen und Ihnen geben, was Sie wollen?

Falls Sie also einem Mann begegnen, der kein Interesse an einer Beziehung mit Ihnen bekundet, obwohl Sie ihm ein paar Andeutungen gemacht haben, dann:

- bringen Sie sich selbst in eine Lage, in der Sie herausfinden können, ob er willens ist, sich mit Ihnen zu befreunden. Wenn er Sie so gern mag, daß ihm daran gelegen ist, mit Ihnen zu sprechen und Sie um sich zu haben, dann haben Sie »grünes Licht«, um auf eine Beziehung hinzuarbeiten;
- legen Sie Ihren Wunsch, eine intime Beziehung mit ihm zu haben, erst einmal »auf Eis«. Vorerst besteht nun einmal keine Beziehung, und so etwas kann sich nur langsam entwickeln. Nichts hassen Männer mehr, als daß sich eine Frau, an die sie kaum einen Gedanken verschwendet haben, sehr anhänglich zeigt. Ihre Selbstsicherheit und Ihre Verpflichtung den eigenen Zielen gegenüber werden Sie davon abhalten, sich zu massiv an ihn heranzumachen;
- sprechen Sie über ihn und finden Sie seine Unsicherheiten heraus. Richten Sie es ein, daß er sich wohl fühlt und glücklich ist, wenn Sie zugegen sind. Das ist die richtige Zeit, um herauszufinden, ob Sie diesen Menschen wirklich mögen. Besitzt er den Charakter und die Fähigkeiten, die Ihnen bei einem Menschen wichtig sind? Oder wollen Sie einfach nur *die Beziehung* und denken, Sie

könnten diesem Mann die Rolle des Traummannes zuschreiben?

- Wenn er anfängt, Interesse an Ihrem Leben zu zeigen, dann schnappen Sie nicht gierig danach, als sei es ein Rettungsring. Nehmen Sie es als ganz natürlich hin. Sie versuchen, zur Gewohnheit werden zu lassen, daß er Sie will. *Sie* wissen ja bereits, daß Sie ihn wollen.
- Schlafen Sie nicht mit ihm, sobald er will. Sie wollen nicht nur Sex, Sie wollen Begierde wecken. Sobald er beginnt, Sie gern genug zu haben, um intim mit Ihnen zu werden, kann eine kleine Frustration Wunder wirken!

Verführerisch sein

Männer haben lieber, daß Sie sie als Person behandeln, als daß Sie sie sofort »anmachen«. Verführerischer Reiz ist zwar verlockend, aber viele Frauen machen den Fehler, sich aufreizend zu gebärden, sobald ein Mann, an dem sie interessiert sind, in der Nähe ist. Das wirkt mit der Zeit gespielt und oberflächlich. Übrigens, wenn Sie Ihr Verhalten ändern, sobald ein Mann in der Nähe ist, dann beherrscht der Mann die Situation – und Sie reagieren nur.

Lassen Sie Ihren »Männer-Jagdinstinkt« nicht mit Ihnen durchgehen! Gewöhnlich merken Frauen ganz genau, wenn sie beim Männerfang keine Chance haben. Die Anstrengung wird dann zu einer Zeitverschwendung, und die ganze Sache schmeichelt keinesfalls Ihrem Ego. Denn wenn der Mann nicht reagiert, werden sich bald Verhaltensmuster einschleichen, die jede Aussicht darauf zerstören, daß er Sie in Zukunft begehren könnte.

Die Wirkung, die Sie erlangen, wenn Sie sein Desinteresse gelassen hinnehmen und dabei in freundlicher Weise Distanz wahren, kann mehr dazu beitragen, einen Mann an sich zu binden als jeder andere Trick aus Ihrem Repertoire.

Eine feste Bindung eingehen

Die meisten Menschen wehren sich dagegen, sich für eine Beziehung zu verpflichten, wenn klar ist, daß es dem anderen auf die Beziehung an sich ankommt und nicht auf sie selbst. Ob es um Sex geht oder darum, zusammenzuziehen – Menschen wollen das Gefühl haben, daß sie um ihrer selbst willen geliebt werden und nicht für etwas, was sie für ihren Partner darstellen. Doch diesen negativen Eindruck können Sie erwecken, wenn Sie eine Beziehung schneller vorantreiben, als es Ihrem Partner lieb ist.

Wenn Ihr Partner bindungsscheu ist, können Sie nur eines tun: ihn nicht drängen. Indem Sie um Liebe betteln oder sich über sein Verhalten beklagen, werden Sie ihn nicht dazu bringen, Sie zu begehren. Lassen Sie Ihren Partner wissen, welche Art Bindung Sie wollen, und lassen Sie ihn auch wissen, daß Sie daran festhalten werden. Ob Sie es dann von ihm oder einem anderen Mann bekommen – er hat die Wahl.

Was immer Sie tun, binden Sie sich nicht an Ihren Partner, wenn er nicht die Art Bindung eingegangen ist, die Sie anstreben. Sie werden nie bekommen, was Sie wollen, indem Sie sich achtlos verschenken. Sie haben eine feste Vorstellung darüber, wie Ihre Beziehung auszusehen hat, und die bekommen Sie nur, wenn Sie sich nicht mit weniger zufriedengeben.

Körperliches

Schönheit

Viele Frauen läßt das Thema Schönheit aufstöhnen. Haben nicht alle in der Pubertät in den Spiegel geschaut und sich gefragt: »Bin ich schön?« Das war nur eine der Fragen, auf die es keine Antwort gab. Und wie konnten Sie dem Urteil Ihrer Mutter trauen, das da lautete: »Aber ja, mein Kind«? Insbesondere, da doch Ihre Freundinnen so vollständig andere Kriterien für Schönheit zu haben schienen. Nur eines war sicher: die trügerische Qualität »Schönheit« ist sehr wichtig für Frauen.

Frauen erfahren im Laufe ihrer Kindheit und Jugend, daß Schönheit unabdingbar für ihr Glück ist, denn wir werden durch Märchen und Liebesgeschichten zu dem Glauben verführt, daß sich mit ihr der Märchenprinz, die Liebe und das ewige Glück einstellen. Wie Dornröschen werden wir erwachen, wenn der Märchenprinz in Erscheinung tritt. Wie Aschenputtel werden wir von unserem Prinzen von Plackerei und Traurigkeit erlöst. Wie Schneewittchen werden wir von unserem Prinzen gerettet und beschützt werden. Neben Tugend war Schönheit für eine Jungfrau aus dem Märchen das wichtigste Kriterium.

Und heute, in unserer ach so schicken, modernen Gesellschaft, ist das Aussehen einer Frau immer noch von allergrößter Wichtigkeit. Hochglanzmagazine sind voller Nahaufnahmen von hinreißenden, perfekten Frauen, während Kinofilme und Werbung sexuelle Erregung mit Schönheit gleichsetzen. Sogar Ratgeber und Frauenzeitschriften stehen unter dem Diktat von Werbemanagern, die damit Geld verdienen, daß sie Frauen verschönern – indem sie ihnen

Schminke, Hautpflegeprodukte und Kleider verkaufen. Frauen wird gesagt, sie müßten noch mehr tun, um schön zu sein, und sie werden mit Schlankheitsdiäten, Artikeln über körperliche Fitneß, über das richtige Auftragen des Makeups und Anstandsregeln sowie langen Listen von Ge- und Verboten nur so bombardiert. (Männermagazine fangen heute erst an, über solche Dinge zu schreiben.) Das dient dazu, die Konditionierung festzuschreiben, die Frauen von äußerem Beifall abhängig macht, und sie – was den eigenen Selbstwert betrifft – zu verunsichern.

Die Gesellschaft mißt der Schönheit Bedeutung bei, daher legen Frauen unangemessen viel Wert auf ihr Aussehen. Denn immerhin werden die Frauen, die den Schönheitskriterien der Gesellschaft entsprechen, oft dafür belohnt. Die »schöne« Frau wird begehrt, bewundert und in den Kreis der wenigen Privilegierten erhoben.

Aber diese Bewertung von Schönheit ist sehr oberflächlich; Schönheit an sich macht nicht zufrieden. Selbstsicherheit, nicht Aussehen, ist die wahre Quelle der Schönheit. Ganz gleich, wie Sie aussehen, Sie müssen Ihren Körper und Ihr *Selbst* lieben, um wahrhaft schön zu sein.

Und selbst wenn Ihr Partner Sie schön findet, so genügt das gewöhnlich nicht. Frauen halten die Anerkennung ihrer Schönheit fälschlicherweise oft für eine Bestätigung ihres Selbstwertes; aber das Selbstvertrauen muß von innen kommen, sonst ist es nicht echt. Kein Mann kann eine Frau »aufwerten«, auch wenn Frauen darauf verwiesen werden, sich auf diese Weise ihr Selbstwertgefühl zu verschaffen.

Männer sind übrigens ganz dieser Meinung. Eines der Dinge, die Männer überhaupt nicht ausstehen können, sind Frauen, die sich – aus mangelnder Selbstsicherheit – zu viele Gedanken über ihr Aussehen machen. Männer hassen es, wenn eine Frau an ihren Haaren herumexperimentiert, über ihre Diäten stöhnt oder kein Kleid findet, das sie – angeblich – nicht schrecklich aussehen läßt. Die meisten Männer mögen nicht, wenn ihre Partnerin Unmengen Make-Up aufträgt, besonders Grundierungscreme, Puder und Rouge. Für die meisten Männer hat die Haut einer Frau einen starken Reiz. Und ein dick aufgetragener Lippenstift oder feuchtes Gloss lassen Sie vielleicht aufregend aussehen, doch sind Sie damit nicht so leicht zu küssen! Männer schätzen Schönheit bei Frauen, aber sie haben nicht viel Sinn und Geduld dafür, daß Frauen sich dauernd damit beschäftigen.

Ein Mann wird die Haltung, die Sie sich selbst gegenüber einnehmen, ganz selbstverständlich akzeptieren. Wenn Sie glauben, daß Sie einen tollen, aufregenden Körper haben, der unbedingt von ihm berührt werden will – dann wird er Sie berühren wollen. Wenn Sie Ihren Körper verstecken oder bestimmte Seiten daran nicht schön finden, dann wird Ihr Partner Ihre Ansicht teilen. Und wenn Sie sich ständig heruntermachen, dann wird er wenig Grund finden, Sie zu loben. Es ist gleich, ob Sie, den herkömmlichen Maßstäben zufolge, fünfzehn oder fünfzig Pfund Übergewicht haben. Es spielt keine Rolle, ob Sie achtzehn oder sechzig Jahre alt sind. Wenn Sie sich selbst lieben, wird Ihr Partner es auch tun.

Sie sollten Ihren eigenen Körper gut kennen, gesund leben und Ihr eigenes Leben positiv sehen. Das ist die Zaubermischung, aus der Schönheit besteht.

Altern

Abgesehen von der erst kürzlich erfolgten Entdeckung und Verwendung gewisser »Anti-Ageing«-Cremes wie Retin-A, können Sie nur wenig tun, um die

Folgen des Alterns zu verhindern oder aufzuhalten. Die Chirurgie kann die Haut straffen, ist aber nicht imstande, ihr die frühere Beschaffenheit zurückzugeben; Collagen kann die Fältchen um die Augen »aufquellen«, aber sie nicht zum Verschwinden bringen.

Wie Naomi Wolf in ihrem Buch »Mythos Schönheit« feststellt: »Zwanzig Jahre lang wurden die heiligen Öle mit wissenschaftlich abgesicherten Versprechungen vertrieben, belegten Schwindelzahlen und -tabellen nachweisliche Verbesserungen und sichtbare Veränderungen, die nie durch eine objektive Instanz überprüft wurden. Es gab bislang keinen öffentlichen Druck, die Hersteller zu zwingen, ihre Behauptungen zu widerrufen oder sich bei den Frauen zu entschuldigen. In der Pressediskussion über einschlägige Gesetzesänderungen ist nie die Rede von einer finanziellen Entschädigung für die Verbraucherinnen, die so lange Jahre betrogen wurden.«

Seit 1987, als derartige Versprechungen in den USA für ungesetzlich erklärt wurden, haben die Werbefachleute weiterhin mit der Angst der Verbraucherinnen gespielt, indem sie versäumten, die unausgesprochene – jahrzehntelang von der Werbung vertretene – Behauptung ohne Wenn und Aber zurückzunehmen, wonach »Anti-Ageing«- Produkte tatsächlich wirken.

Die einzige gesunde Art und Weise, mit dem Prozeß des Alterns umzugehen, ist, ihn zu akzeptieren und zu genießen. Seien wir realistisch – wir mögen unser Gesicht noch so oft und genau kritisch im Spiegel betrachten, doch wer, außer Ihnen, merkt die kleinen Veränderungen oder kümmert sich darum? Tatsache ist, daß ein Gesicht mit zunehmendem Alter interessanter wird, da ein Mensch dann mehr Erfahrung und Selbstsicherheit hat. Aber davon müssen Sie auch wirklich überzeugt sein, da Sie ansonsten nie imstande sein werden, hinzunehmen, wie Sie aussehen und wer Sie sind.

Ihr Körper

Wenn Sie Ihren Körper nicht bis ins kleinste Detail kennen – wie soll Ihr Partner ihn dann je wirklich kennen? Es obliegt Ihnen, ihm Ihren Körper zu erschließen und ihn zu ermutigen, ihn auszuforschen – nicht nur die Geschlechtsorgane, sondern auch alle anderen zarten, empfindlichen, aufregenden Partien.

Wer auch immer die Vorstellung in die Welt setzte, »das Geheimnisvolle« sei – was die Anatomie angeht – erregend, hat sich gewaltig geirrt. Je intimer und gründlicher Sie nämlich Ihren eigenen Körper und den Ihres Partners kennen, desto befriedigender werden Ihre sexuellen Begegnungen ausfallen.

Haut

Ihre Haut bedeckt Ihren ganzen Körper und dient einem der fünf Sinne – dem Tastsinn – als Leitorgan. Ihre Haut kann auf tausenderlei lustvolle Arten stimuliert werden. Auch verströmt unsere Haut einen Körpergeruch, eine Tatsache, die in unserer sterilen Gesellschaft nicht geschätzt wird.

Wenn Sie wollen, daß *Ihr* Körper bewundert und angebetet wird, dann erkunden und genießen Sie jeden Körperteil Ihres Partners. Auch hier wird es am wirkungsvollsten sein, mit gutem Beispiel voranzugehen; aber auch Fragen ist hilfreich. Sagen Sie ihm, was für ein wunderbares Gefühl es für Sie ist, ihn zu berühren, und sagen Sie ihm, wie gern Sie hätten, daß er Ihre zärtlichen Berührungen erwidert.

Geschlechtsorgane

Nehmen Sie einen Spiegel und schauen Sie sich Ihre untere Körperpartie einmal genau an. Tun Sie's nicht nur einmal; Sie sind es sich selbst schuldig, Ihren eigenen Körper und seine Reaktionen wirklich zu kennen. Es mag für Frauen etwas schwierig sein, die eigenen Geschlechtsorgane zu betrachten, aber es ist nicht unmöglich. Wie können Sie Ihren Körper lieben, wenn er Ihnen nicht vollkommen vertraut ist?

Die Vulva. Die Vulva ist der Teil der weiblichen Geschlechtsteile, den man sehen kann: der *mons Veneris* (Venushügel), die großen Schamlippen (*labia majora*) und die kleinen Schamlippen (*labia minora*), die Scheidenöffnung, die Harnröhrenöffnung und die Klitoris.

Der *mons Veneris* ist das weiche, hügelförmige Fettpolster über Ihrem Schambein. Es ist mit Schamhaar bedeckt. Der *mons* reagiert sehr stark auf Streicheln und sanftes Kneten.

Die großen Schamlippen schützen das Ganze. Bei manchen Frauen sind diese Hautfalten dick und schließen sich über ihrem Geschlechtsorgan zusammen. Bei anderen sind die Lippen nur wenig ausgeprägte Hautlappen, die zu beiden Seiten der Geschlechtsorgane liegen. Jede Frau ist anders gebaut, so wie auch kein Penis einem anderen aufs Haar gleicht.

Die kleinen Schamlippen sind sehr zart und empfindlich. Bei sexueller Erregung werden sie gewöhnlich mit Scheidenflüssigkeit befeuchtet.

Die Harnröhrenöffnung liegt zwischen den beiden kleinen Schamlippen, genau unter der Klitoris und über dem Scheideneingang. Führen Sie nie etwas in die Harnröhrenöffnung ein. Diese Stelle ist sehr empfindlich, und Sie allein müssen wissen, ob Sie es als lustvoll empfinden, dort berührt zu werden.

Die Klitoris. Die kleine Haube, die die Verbindungsstelle der kleinen Schamlippen bildet, schützt die Klitoris. Nur die Klitorisspitze ist sichtbar, wie eine winzige rosafarbene Erbse. Wenn eine Frau erregt ist, füllt sich die Klitoris mit Blut – wie der Penis der Mannes –, wodurch sie ein wenig aus ihrer Klitorishaube heraustritt.

Die Stimulierung der Klitoris bringt eine Frau zum Höhepunkt. Der männliche Penis zieht beim Eindringen in die Vagina automatisch an den kleinen Schamlippen und bewegt somit das Häubchen in Richtung der Klitoris. Auch indem der Mann sein Schambein an der Klitoris reibt, kann er die Frau erregen.

Etwas so Wichtiges sollten Sie Ihrem Partner zeigen. Es gibt einfach keine Entschuldigung dafür, daß Sie ihn an Ihrer Spalte herumtasten und Ihre Klitoris suchen lassen. Zeigen Sie ihm, wie sie aussieht und wie Sie sich selbst berühren, um sich zu erregen. Sagen Sie ihm, was für ein Gefühl es ist, dort berührt zu werden.

Die Vagina. Es ist ein Irrtum zu glauben, die Vagina sei ein Loch. Die Vagina ist eine hohler Muskelring und ungefähr zehn Zentimeter lang.

Das obere und das untere Ende der Vagina sind am engsten. Die Scheidenöffnung wird teilweise von den *labia minora,* den kleinen Schamlippen, bedeckt, die sich während des Geschlechtsverkehrs prall mit Blut füllen. Bei den meisten Jungfrauen ist die Scheidenöffnung teilweise von einem dünnen Häutchen bedeckt – dem Hymen.

Heutzutage wird das Hymen oft perforiert, wenn ein Mädchen beginnt, Tampons zu verwenden.

Die *Zervix* – der Gebärmuttermund – ist mit dem vorderen Teil des Scheideninnenendes verbunden. Die Zervix ist eine feste, pilzförmige Rundung. Die kleine Einkerbung in ihrer Mitte ist die Öffnung, die in die Gebärmutter führt – dort, wo die Befruchtung stattfindet. Man verwendet Diaphragmen und Schwammeinlagen, um die Zervix abzudecken. Ein Intrauterinpessar (oder Spirale) wird durch die Zervixöffnung in den Uterus eingeführt.

In der Scheide selbst sind keine Drüsen. Der Schleim, der die Scheidenhöhlung befeuchtet, kommt größtenteils aus dem Uterus (durch die Zervix). Doch produzieren auch die Zellen der Scheideninnenwände eine begrenzte Menge Milchsäure, die das Sperma auf seinem Weg in den Uterus mit Nährstoffen versorgt.

Wenn eine Frau zum Höhepunkt kommt, ejakuliert sie nicht auf dieselbe Weise wie ein Mann. Mit zunehmender Erregung wird mehr Scheidenflüssigkeit erzeugt. Während der Klimax ziehen sich die Muskeln der inneren Scheidenwände rhythmisch zusammen, wobei die Intensität von der Stärke dieser Muskeln abhängt. Damit tritt Scheidenflüssigkeit aus der Vagina, was manchmal wie eine Ejakulation aussieht.

Sie können sich selbst erregen, indem Sie Ihre Vaginalmuskeln anspannen und wieder loslassen. Es sind dieselben Muskeln, die Sie benutzen, wenn Sie im Urinieren innehalten. Versuchen Sie's. Das ist eine einfache, unauffällige Art, sich selbst ein wenig Erregung zu verschaffen.

Brüste

Fast jede Frau hat irgend etwas an ihren Brüsten auszusetzen: Sie sind zu klein, zu groß, zu schlaff … Aber für Sie sind sie gerade richtig!

Lassen Sie sich nie aufgrund der Meinung eines Mannes dazu bewegen, Ihre Brüste vergrößern oder verkleinern zu lassen. Er kann Sie morgen verlassen, doch mit Ihren Brüsten werden Sie immer leben.

Menstruation

Vom medizinischen Standpunkt aus gesehen gibt es keinen Grund, warum Sie keinen Verkehr haben sollten, wenn Sie menstruieren. Die Montatsblutung besteht nicht aus reinem Blut, sondern ist eine mit Blut angereicherte Schleimhaut, die sich mit der in der Vagina befindlichen Scheidenflüssigkeit vermischt.

Manche Frauen sind zu diesem Zeitpunkt des Monats sogar besonders erregt. Auch können die Muskelkontraktionen während des Geschlechtsverkehrs und des Höhepunkts krampfartige Monatsschmerzen erleichtern. Wenn Sie die Menstruation wie jede andere Körperfunktion akzeptieren, die weder verdrängt noch ignoriert zu werden braucht, wird Ihr Partner dies ebenso tun.

Der Körper Ihres Partners

Wissen ist Macht. Erforschen Sie den Körper Ihres Partners liebevoll und gründlich. Beim Entdecken der körperlichen Reaktionen werden Sie auf weitere Seiten seiner Sexualität stoßen, die Sie dann gemeinsam auskosten können. Beispielsweise sollten Sie einmal einen ganzen Abend darauf verwenden, seine Füße zu erkunden. Massieren Sie, streicheln Sie, kitzeln Sie seine Sohlen mit den Fingernägeln. Machen Sie das Ganze zu einem sinnlichen Erlebnis! Ein anderes Mal könnten Sie ihm die Haare waschen oder mit ihm unter die Dusche gehen und jede einzelne Körperpartie mit einem weichen Schwamm abreiben. Erwarten Sie nicht bei jedem Zusammentreffen, daß er Ihre Zärtlichkeiten erwidert. Wenn Sie ihn derart sinnlich verwöhnen, wird es nicht langer Andeutungen bedürfen, ehe er auf Ihre Liebesbezeugungen reagiert und

nun Ihre Füße massiert oder Sie bittet, mit ihm zusammen ein Bad zu nehmen.
Wenn Sie wirklich wollen, daß Ihr Mann Wachs in Ihren Händen wird, dann beginnen Sie am besten mit seinem Körper. Schauen Sie sich seinen Körper genau an und sagen Sie ihm, was Sie sehen. Hat er Rundungen und Wölbungen? Feinen Flaum oder starken Haarwuchs? Wenn Sie auf etwas hinweisen, das als schwacher Punkt gelten kann, dann streicheln Sie ihn dort und necken Sie ihn ein bißchen damit – das ist der beste Weg, um seine Aufmerksamkeit wirklich zu fesseln. Die meisten Männer werden Ihre konzentrierte Aufmerksamkeit zu schätzen wissen, und Sie selbst gewinnen Sicherheit und Stärke, wenn Sie seine körperliche Beschaffenheit beurteilen.
Sie haben einen ganzen Körper zu Ihrer Verfügung, mit dem Sie spielen können. Viel Vergnügen!

Der Penis

Die Geschlechtsorgane eines Mannes unterscheiden sich nicht wesentlich von Ihren. Die Klitoris und der Penis bestehen aus demselben hochsensiblen Gewebe. Ihre großen Schamlippen und sein Hodensack sind also ähnlich. Die Genitalien Ihres Partners sind kein fremdes Terrain für Sie, sondern etwas, worüber Sie bereits sehr viel wissen.
Der Penis ist im wesentlichen ein Schlauch aus weichem, lockeren Gewebe, das sich mit Blut füllt, wenn der Mann sexuell erregt ist. Der einer Pflaume nicht unähnliche Peniskopf (auch Eichel genannt) ist voll hypersensibler Nervenenden.
Irgendwann haben sich alle Männer einmal über ihren Penis Gedanken gemacht. Ihre Befürchtungen reichten von Sorgen um die Größe und Form bis zur Stärke und Dauer der Erektion. Seien Sie verständnisvoll und zartfühlend. Ebenso wie Frauen ihre sexuelle Attraktivität davon ab-

hängig machen, wie anziehend sie auf Männer wirken, so spielt der Penis für die Einschätzung der eigenen Männlichkeit bei Männern oft eine große Rolle.

Es ist, psychologisch gesehen, ein schwieriger Balanceakt, da die Erektion eines Mannes nicht nur von der physischen Funktionsweise seines Penis abhängt – sie beruht letztlich auf seiner geistigen und emotionalen Verfassung. Die drei wichtigsten Erektionsprobleme werden im Folgenden behandelt.

Vorzeitiger Samenerguß

Was ein vorzeitiger Samenerguß ist, läßt sich zeitlich nicht bestimmen. Ein Mann ejakuliert vorzeitig, wenn er seinen Orgasmus meistens hat, ehe seine Partnerin zum Höhepunkt kommen kann.

Möglicherweise benötigt er einfach mehr körperlichen Kontakt mit Ihnen. Umarmen und massieren Sie ihn. Schmusen Sie mit ihm. Er wird dann nicht gleich zum Höhepunkt kommen wollen, schon allein weil er die Liebkosungen genießt.

Wenn Sie wegen der Kürze des Geschlechtsverkehrs frustriert sind, dann sprechen Sie in völlig neutralem Ton mit Ihrem Partner darüber. Wenn Sie ihm vorwerfen, daß er Sie nicht befriedigt, dann machen Sie alles nur schlimmer.

Eine einfache Lösung kann die Verwendung eines Kondoms sein. Das Gummigewebe kann seinen Penis möglicherweise desensibilisieren.

Sie können ihm auch helfen, mit Hilfe manueller Stimulierung seinen Höhepunkt zu beherrschen. Masturbieren Sie ihn, bis er fast den Höhepunkt erreicht, dann halten Sie inne, streicheln seine Brust oder Beine, bis er sich wieder unter Kontrolle hat; dann beginnen Sie wieder, ihn zu stimulieren. Lassen Sie währenddessen nicht zu, daß er sich selbst zum Orgasmus bringt. Dieser Rhythmus: stimulieren – innehalten – stimulieren – innehalten wird ihn auf Touren bringen, und der letztendlich erfolgende Orgasmus wird unwahrscheinlich intensiv sein. Dafür wird er Sie lieben!

Erektionsschwäche

Was tun, wenn Sie mitten im Liebesspiel sind und sein Glied erschlafft? Ganz unvermeidlich wird eine Frau zunächst denken, sie habe etwas falsch gemacht oder wäre nicht attraktiv genug. Und der Mann ist verwirrt und fühlt sich gedemütigt. Das kann nur in die Katastrophe führen.

Machen Sie keine große Sache daraus. Die Erektion eines Mannes ist nicht vollständig seinem Willen unterworfen, irgendeine beliebige Störung kann sie beeinträchtigen. Das passiert im übrigen nicht nur den Männern. Viele Frauen haben schon erlebt, daß während dem Sex mit einem Mal, aus unerfindlichen Gründen, ihre Erregung nachließ. Das konnte ein irritierendes Geräusch, ein plötzlicher Gedanke oder eine schmerzhafte Bewegung sein. Doch Frauen sind imstande, während des Geschlechtsverkehrs zu bluffen, Männer dagegen nicht …

Ursachen für eine schwächer werdende Erektion können Streß, Sorgen, Anspannung, Müdigkeit und vieles mehr sein. Alkohol – wenn er auch einen Mann verliebt machen kann – beeinträchtigt fast immer die Erektion. Narkotika und Beruhigungsmittel haben dieselbe Wirkung.

Wenn Ihr Partner so gut wie nie imstande ist, eine Erektion zu halten, sollte er einen Arzt aufsuchen. Es könnte ein gesundheitlicher Grund vorliegen, und wenn das ausgeschlossen ist, dann sollten Sie ganz aufrichtig mit ihm sprechen, um die Ursache herauszufinden.

Impotenz

Sie sollten sich keine Sorgen machen, wenn Ihr Partner gelegentlich unter Impotenz leidet. Dies ist nur die natürliche Folge eines komplizierten Aktes, der sowohl von körperlichen wie geistigen Faktoren abhängt.

Wenn Ihr Partner öfters impotent ist oder unter schwächer werdenden Erektionen leidet, muß er den psychologischen Ursachen dafür auf den Grund gehen.

Er könnte zum Beispiel vor irgend etwas in Ihrem Sexualleben Angst haben, oder es könnte auch mit Ihrer Beziehung zusammenhängen. Streß, Müdigkeit oder äußerer Druck von seiten seiner Familie oder seines Arbeitgebers könnten dafür verantwortlich sein. Die Wurzeln liegen möglicherweise auch in seiner Haltung zum Sex. Auch ein gesundheitliches Problem kommt in Frage.

Sie haben die Möglichkeit, in fürsorglicher und neutraler Weise die möglichen Gründe für seine Impotenz herauszufinden. Was immer Sie tun, lassen Sie Ihr eigenes Ego aus dem Spiel. Vergessen Sie nicht: Sie sind eine unabhängige, starke Frau. Sie sind Herrin über Ihr Leben; die Impotenz Ihres Partners ist kein direktes Spiegelbild Ihrer Person oder Ihres persönlichen Eigenwertes.

Wenn Sie beide alle Möglichkeiten ins Auge gefaßt und, ganz aufrichtig, keinen Grund ausfindig gemacht haben, dann können Sie immer noch eines versuchen – eine kleine »Heim-Sex-Therapie«. Sie und Ihr Partner sollten übereinkommen, daß Sie in den kommenden vier Wochen nicht zusammen schlafen werden. So lautet die Regel, und beide müssen sich daran halten, auch wenn Ihr Partner eine ansehnliche Erektion hat. Sie sollten miteinander schmusen, sich liebkosen und auch seinen Penis einbeziehen, auch wenn er keine Reaktion zeigt. Wenn er Ihnen helfen möchte, zum Höhepunkt zu kommen, dann ist das

wunderbar. Lassen Sie sich nicht daran hindern, Genuß zu empfinden, nur weil Sie keinen Verkehr haben.
Sie werden sehen, es gibt eine Menge lustvoller Möglichkeiten, Sex zu praktizieren, die nicht vom Penis Ihres Partners abhängen. Und damit ein Mann eine Erektion halten kann, muß er sich gewöhnlich nur der Tatsache bewußt sein, daß nicht jeder sexuelle Genuß darauf beruht.

Empfängnisverhütung

Nehmen wir einmal den schlimmsten aller Fälle an: Sie sind schwanger. Wollen Sie das wirklich? Wenn nicht, dann sollten Sie lieber Ihren Teil der Verantwortung für die Verhütung übernehmen.
Da Frauen anerzogen wird, auf das Begehren des Mannes zu reagieren, setzen sie »Hals über Kopf verliebt sein« mit Romantik und Liebe gleich. Doch Empfängnisverhütung erfordert Voraussicht. Lassen Sie sich nicht – von wem auch immer – zu einer letztlich unerwünschten Schwangerschaft verleiten. Sie wissen, wie Sie zum Sex stehen, und Sie sollten sich selbst genug Respekt zollen, um »geschützt« Verkehr zu praktizieren. Ein Mann, der so wenig von Ihnen hält, daß er sich nicht vergewissert, ob Sie einen Empfängnisschutz haben, ist unverantwortlich und selbstsüchtig und nicht ein Mann, den Sie als Partner wollen.
Wie auch immer – im Zeitalter von Aids sollten Sie Ihren Partner bitten, stets ein Kondom zu tragen, auch dann, wenn Sie in einer monogamen Beziehung leben, außer wenn Sie beide den Aids-Test gemacht haben und HIV-negativ sind. Wenn Sie auf irgend etwas bestehen sollten, dann in erster Linie darauf, daß Sie in den Zeiten dieser tödlichen Epidemie geschützt sind.
Wenn Sie mit Ihrem Partner in einer monogamen Beziehung leben und Sie beide HIV-negativ sind, dann gibt es

andere Verhütungsmethoden. Sprechen Sie mit Ihrem Partner darüber. Immerhin geht es um das Intimste, das zwischen zwei Menschen möglich ist. Und die Wahl Ihrer Verhütungsmethode wird sicherlich Einfluß auf Ihre sexuellen Begegnungen haben.

Kondome

Das Kondom ist *das* Verhütungsmittel par excellence in der Aids-Ära. Nehmen Sie sich Zeit, um die Kondomsorte zu finden, die Ihnen zusagt. Manche Sorten sind dünner als andere, manche sind mit Puder oder Gleitmittel versehen. Sie können Kondome in verschiedenen Farben, verschiedenen Strukturen und sogar in unterschiedlichen Größen bekommen.
Ein Kondomtyp, den Sie kennen sollten, ist das Kondom aus Schafsdarm. Schafsdarmkondome können fast dreimal so teuer wie Latexkondome sein, aber sie sind aus natürlichem Material und hochempfindsam. Doch weil sie natürlich sind, eignen sie sich nicht so gut dafür, das Aids-Virus fernzuhalten.

Die Anti-Baby-Pille

Für viele Frauen ist die Anti-Baby-Pille das bevorzugte Verhütungsmittel.
Die Pille enthält Hormone, die dem Körper eine Schwangerschaft vortäuschen, wodurch das Heranreifen eines Eifollikels im Eierstock verhindert wird. Die negative Nebenwirkungen der Pille können Gewichtszunahme, empfindliche Brüste, Kopfschmerzen und Brechreiz, ja sogar Blutgerinnsel und Schlaganfälle sein. Auch produziert der Körper dadurch eventuell weniger Scheidenflüssigkeit.
Die positiven Nebenwirkungen können sich in verringerten Menstruationsschmerzen, weniger starken Blutungen

und geringeren hormonellen Schwankungen (besser bekannt als PMS – Prämenstruelles Syndrom) zeigen.
Da die Pille ein Hormon ist, hat sie direkten Einfluß auf den weiblichen Körper. Lassen Sie sich nie – gegen Ihre eigene Überzeugung – dazu drängen, die Pille zu nehmen. Vielleicht mag Ihr Partner keine Kondome, aber zumindest kann er dadurch keine Blutgerinnsel und Schlaganfälle bekommen!

Diaphragma

Das ist ein steifer Gummiring, mit ungefähr fünf bis zehn Zentimeter Durchmesser und einer Gummiwölbung in der Mitte. Es paßt über den Gebärmuttermund und hindert das Sperma daran, in die Gebärmutter einzudringen. Es ist wichtig, zusätzlich eine samenabtötende Creme, ein Spermizid, zu benutzen, denn das Diaphragma sitzt zwar auf der Zervix, schließt sie jedoch nicht völlig ab.
Leider muß ein Diaphragma unmittelbar vor dem Sex eingeführt werden. Das bedeutet, daß man das Vorspiel unterbrechen muß – wenn man nicht schon »mittendrin« ist. Aus hygienischen Gründen und wegen der Notwendigkeit, frisches Spermizid zu verwenden, können Sie Ihr Diaphragma nicht immer tragen, um für den Sex bereit zu sein.
Schwammeinlagen werden wie Diaphragmen verwendet; auch sie werden in der Mitte mit einer großen Dosis Spermizid versehen. Schwammeinlagen haben Vorteile, weil sie vierundzwanzig Stunden in der Vagina gelassen werden können und sich sehr ähnlich wie die Scheideninnenwand anfühlen.
Eine Zervixkappe ist einfach eine kleinere Variante des Diaphragmas. Zervixkappen müssen unbedingt korrekt angepaßt werden, da sie mit einer Art Saugwirkung direkt auf der Zervix haften. Gewöhnlich wird dabei kein Spermizid verwendet, daher schmieren sie weniger als Dia-

phragmen. Doch sind Zervixkappen schwieriger einzuführen und zu entfernen.

Intrauterinpessar (oder Spirale)

Bei dieser Verhütungsmethode wird ein kleines Kunststoffpessar in den Uterus eingeführt. Es kann zum Beispiel wie eine Spirale oder ein T geformt sein. Es hindert ein befruchtetes Ei daran, sich in der Uteruswand einzunisten.
Probleme mit dem Intrauterinpessar können entstehen, wenn es die Gebärmutterwand durchstößt oder eine Infektion hervorruft. Und gelegentlich kommt der männliche Penis mit dem kleinen Faden in Berührung, der an dem Pessar befestigt ist und aus dem Gebärmutterhals heraushängt. Sie werden merken, wenn das passiert, denn er wird aufschreien, wenn seine Penisspitze gegen das spitze Ende des Nylonfadens stößt.

Coitus interruptus

Dies ist keine empfehlenswerte Verhütungsmethode, denn aus dem Penis kann Sperma tropfen, ehe der Mann faktisch ejakuliert. Selbst der winzigste Tropfen kann eine Frau schwängern.
Auch werden Sie, wenn Sie beide ständig an den drohenden Moment des Zurückziehens denken, wohl kaum in der Lage sein, den Sex in vollen Zügen zu genießen. Sie wollen sich selbst verlieren, wenn Sie Verkehr haben, und nicht, daß Ihr Partner ständig daran denkt, wie lange er noch »drinbleiben« kann.

Rhythmusmethode (Knaus-Ogino)

Bei dieser Methode können Sie nur an bestimmten Tagen des Monats Sex praktizieren, dann, wenn Sie nicht fruchtbar sind. Manche Frauen gehen mit einer ziemlich

ausgeklügelten Kombination aus Temperaturmessen und der Beobachtung des Zervixschleims vor. Andere schätzen mit Hilfe des Kalenders einfach, wann ihre Ovulation eintritt – *annähernd* vierzehn Tage nach Einsetzen der letzten Periode. Nur Frauen, die einen ganz regelmäßigen Zyklus haben, können diese Methode ins Auge fassen.
Die Statistik zeigt, daß Anhängerinnen der »Rhythmusmethode« und des Coitus interruptus mehr Kinder zur Welt bringen als Verfechter anderer Methoden der Empfängnisverhütung.

Aids

In irgendeiner Weise nimmt Aids auf das Leben fast aller Menschen Einfluß. Vielleicht kennen Sie jemanden, der Aids hat oder HIV-infiziert ist. Höchstwahrscheinlich haben Sie sich schon einmal gefragt, wie hoch die Chancen sind, daß Sie das Virus bereits haben oder bekommen könnten. Tatsächlich läuft jeder Mensch Gefahr, Aids zu bekommen; das HIV-Virus wird am leichtesten von Männern auf Frauen übertragen. Es ist an Ihnen, sich zu schützen.

Was ist Aids?

Aids ist die Abkürzung für Acquired Immune Deficiency Syndrome. Das Immunsystem bricht zusammen und kann Sie gegen – häufig tödliche – Krankheiten nicht mehr schützen. Aids wird durch ein Virus ausgelöst, das HIV-Virus (Human Immunodeficiency Virus). Das Virus wird durch Blut oder Samen weitergegeben und kann Sie befallen, wenn es in Ihren Körper und den Blutkreislauf gelangt. Jeder kann das HIV-Virus in sich tragen; er braucht deswegen nicht Aids zu haben noch irgendwelche

Anzeichen für eine Krankheit aufweisen. Aber er kann die unsichtbare Infektion durch Sex und durch geteiltes Drogenbesteck (beispielsweise beim Spritzen von Heroin) übertragen.

Wie bekommen Sie Aids?

Aids wird nicht durch zufällige Sozialkontakte weitergegeben. Sie können das Virus nicht durch Husten, Küssen, Umarmungen, Niesen, Schweiß, Tränen, Türklinken oder Toilettensitze, Teller oder Schwimmbäder bekommmen, noch davon, daß Sie Zigaretten oder Joints zusammen mit jemandem rauchen.
Niemand hat je davon Aids bekommen, daß er mit einer Aids-kranken Person lebte, sie berührte oder pflegte; selbst in Haushalten mit kleinen Kindern konnte nichts Derartiges festgestellt werden.
Das HIV-Virus befällt den Körper auf dem Weg durch die Schleimhäute, die Innenwände der Vagina, die Innenwände des Rektums, durch Abschürfungen im Inneren Ihres Mundes und der Kehle oder durch direkten Kontakt mit dem Blutkreislauf. Das Virus kann nicht durch die Oberhaut gelangen, außer wenn die Haut beschädigt oder aufgeschnitten ist und die infizierte Körperflüssigkeit eines anderen Menschen in den Blutkreislauf kommt.
Sie können das HIV-Virus bekommen von:

1. Samen, Scheidenflüssigkeit und Menstruationsblut
2. gespritzten Drogen, wenn die Nadeln mit anderen Personen geteilt werden
3. Transfusionen mit infiziertem Blut.

Schützen Sie sich

Verwenden Sie Latexkondome. Machen Sie sie zu einem Bestandteil Ihres Sexuallebens, und lassen Sie sie

nicht zu einer störenden Unterbrechung werden, die die ganze Stimmung verdirbt. Machen Sie das Überstreifen zu einem erotischen Spiel! Man kann allem einen erotischen Touch geben – und wenn es um den Penis geht, dürfte Ihnen das kaum schwerfallen. Streicheln Sie Ihren Partner, wenn Sie ihm das Kondom überstreifen, behalten Sie Augenkontakt und küssen Sie ihn davor und danach.
Auch sollten Sie Expertin in Sachen Kondome werden. Es gibt heute mehr Marken und Sorten als je zuvor. Mit ein bißchen Mühe werden Sie eines finden können, das Ihnen beiden zusagt. Haben Sie auch keine Scheu, Kondome einzukaufen. Hier geht es um *Ihr* Leben.

Aids-Test

Es gibt einen Anti-Körper-Test, der dazu dient, Anti-Körper ausfindig zu machen, die ein Mensch produziert, wenn er HIV-infiziert ist. Dieser Test ist nicht hundertprozentig zuverlässig, es kommt vor, daß Menschen fälschlicherweise für HIV-negativ erklärt werden.
Fällt der Test positiv aus, dann bedeutet dies, daß Sie HIV-infiziert sind und daß Ihr Körper begonnen hat, die besagten Anti-Körper zu produzieren. Es heißt nicht, daß Sie gegenwärtig Aids haben, aber man nimmt im allgemeinen an, daß sich bei der Mehrheit der HIV-Positiven im Laufe einiger Jahre die Aids-Krankheit entwickelt. HIV-Infizierte müssen besonders gesundheitsbewußt leben, um die rasche Entwicklung von Aids zu verhindern. Da die Anzeichen von Aids nicht sofort sichtbar sind, ist es sehr wichtig, sich in regelmäßigen Zeitabständen testen zu lassen, insbesondere dann, wenn Sie mehrere Sexualpartner haben.
Rufen Sie das Gesundheitsamt an, um Testmöglichkeiten zu erfahren. Oft gehören dazu auch Beratungsgespräche vor und nach dem Test.

Sex

Romantik

Generell sind wir geneigt, romantisches Verhalten nur als Vorstufe für eine Sexualbeziehung zu betrachten. Sobald eine Beziehung aufgebaut worden ist, stirbt die Romantik oft, weil sie als nicht mehr notwendig erachtet wird.

Aber was ist Romantik? Für viele Menschen sind es Zuneigung und Aufmerksamkeit, die – im Verein mit sexueller Begierde – Liebe symbolisieren. Ob es eine bestimmte Art der Berührung ist, ein Blick, der Wunsch, seine Gefühle zu teilen oder dem Partner in besonderer Weise zu gefallen – Romantik fördert die emotionelle Seite einer sexuellen Beziehung.

Viele Frauen empfinden Groll und Ärger, wenn sie die besagten Zeichen der Zuneigung nie erhalten. Männer dagegen sind es gewohnt, Liebe auf verschiedene Arten zu geben und zu nehmen. Für viele Männer ist es am einfachsten, ihre Liebe beim Liebesakt und durch ihre Präsenz im Leben ihrer Partnerin zu bezeugen.

Wenn Sie mehr Romantik wollen, ist es an Ihnen, Ihrem Partner zu zeigen, wie er mit Ihnen romantischer umgehen könnte. Der beste Weg, Romantik zu bekommen, ist, selbst freigebig damit umzugehen. Ärgern Sie sich nicht darüber, daß Sie auf diesem Gebiet dominieren müssen; sorgen Sie statt dessen für Gelegenheiten, bei denen sich Romantik entfalten kann. Sprechen Sie mit Ihrem Partner über Ihre Phantasien und Tagträume, und sagen Sie ganz genau, welches Verhalten Sie in Stimmung bringt. Hören Sie zu, wenn er über seine Vorstellungen von Romantik und Liebe spricht, und ermutigen Sie ihn, auszuprobieren, was ihn am meisten anspricht. Dies können Sie in erotischer, aufreizender Manier tun: Wenn Sie etwas beschreiben, das Sie tatsächlich erregt, ist es nur natürlich, daß Sie sich selbst dabei etwas »aufgeilen« – einfach weil Sie davon sprechen.

Wenn Sie für neue Dinge offen bleiben, werden Sie es der Romantik erleichtern, in Ihr Leben zurückzukehren. Schließlich durchbricht man die tagtägliche Routine am schnellsten, indem man etwas macht, das man normalerweise nicht täte. Es muß nichts Extravagantes oder Hochtrabendes sein. Lassen Sie der originellen Seite Ihres Charakters freien Lauf! Wollen Sie nicht, daß auch er sich dafür begeistert? Mit ein wenig Spaß kann man eine Beziehung wunderbar beleben.

Das schließt ein, daß Sie ebenfalls für neue Wege in der Sexualität offen sind. Gerade weil Männer Romantik zugunsten des Sex abzulehnen scheinen, sollten Sie den – vielleicht einzigen – Weg, der zurück zu Romantik und Traulichkeit führt, nicht versperren. Das Erforschen Ihrer Sexualität ist ein direkter Weg zu Ihren unterbewußten Sehnsüchten. Herauszufinden, warum ein Mann in bestimmter Weise auf gewisse sexuelle Zeichen reagiert, kann Einblicke in sein Gefühlsleben verschaffen und Ihnen Aufschluß über seine Motivationen geben. Solche Erkenntnisse über den Partner werden Ihre Liebe sicherlich vertiefen, und Sie beide werden lernen, wie Sie sich gegenseitig glücklich machen können.

Zuneigung

Wenn Sie immer nur dann Ihren Partner berühren, wenn Sie Sex wollen, werden Sie keine liebevolle Beziehung führen.

Zuneigung ist Vertrautheit und Aufmerksamkeit, auch außerhalb des Sexualverkehrs. Wie bei der Romantik setzen viele Menschen Zuneigung mit Liebe gleich. Doch manchmal beginnen wir jeden körperlichen Kontakt als sexuell anzusehen und haben Schwierigkeiten, zwischen Zuneigung und Vorspiel zum Sex zu unterscheiden.

Reagieren Sie auf die Berührungen Ihres Partners, aber lassen Sie nicht jedesmal zu, daß daraus ein Liebesakt wird. Sie sollten sich auch außerhalb des Verkehrs umarmen und streicheln, ansonsten berauben Sie sich der emotionellen Verbundenheit, die Ihre sexuellen Begegnungen bereichert.

Sie werden Zuneigung nicht erhalten, indem Sie darum bitten. Sie müssen Zuneigung geben, damit Sie sie bekommen. Wenn Sie nicht das Bedürfnis haben, sein Haar zu streicheln oder mit ihm zusammen auf der Couch zu schmusen, dann wird es ihm wahrscheinlich ebenso gehen. Wenn Sie sich nicht die Mühe machen, seine Füße mit einer Decke zu wärmen oder sonstige Liebesdienste zu tun, wenn er müde ist, dann wird er es auch nicht für Sie tun. Selbst ganz harmlose, romantische Dinge – Geschenke, kleine Liebesbotschaften, Blumen – können unterstreichen, welche Bedeutung Ihr Partner für Sie hat. Tun Sie die Dinge für ihn, die Sie – im Gegenzug – gerne von ihm hätten, und bringen Sie klar zum Ausdruck, was Sie wollen – ohne allzu anspruchsvoll zu sein.

Schenken Sie Ihrem Partner auch vor anderen Leuten Aufmerksamkeit. Die Art und Weise, mit der Sie Ihre Verbundenheit öffentlich zeigen, wird mit dafür ausschlaggebend sein, wie Ihre Beziehung von anderen gesehen wird.

Wenn Sie ihn so behandeln, haben Sie das volle Recht, dasselbe auch von ihm zu fordern. Wenn Ihr Partner ein charakterlich integrer Mensch ist, wird er glücklich sein, Ihnen geben zu dürfen, worum Sie ihn bitten.

Darüber reden

Die Vorstellung vom Sex als etwas Geheimnisvollem und Abgründigem ist für die meisten Menschen sehr reizvoll. Aber alles der »Stimmung« zu überlassen und ehrliche Gespräche zu vermeiden, gereicht mehr zum Schaden als zum Nutzen, besonders dann, wenn Sie mehr als einmal mit einem Mann verkehren wollen.

Die meisten Menschen sind scheu, wenn Sex zur Sprache kommt, denn hier handelt es sich um intime und rein persönliche Erfahrungen. Aber die einzige Möglichkeit, herauszufinden, ob Sie die Bedürfnisse Ihres Partners erfüllen, ist, mit ihm zu besprechen, was ihn scharf macht. Das heißt nicht, daß Sie nach einem Liebesakt fragen müssen: »Hat es dir gefallen?« Denn hierbei ist es – aus Angst, Gefühle zu verletzen – zu einfach, einer ehrlichen Antwort auszuweichen. Um die wahren Gefühle Ihres Partners kennenzulernen, müssen Sie sich selbst öffnen und darauf vorbereitet sein, Dinge zu hören, die Sie vielleicht nicht erwartet haben.

Sie können eine ganze Reihe indirekter Methoden wählen, um ein solches Gespräch zu beginnen – zum Beispiel Bücher, Filme, Spiele. Nehmen Sie jede sich bietende Gelegenheit wahr, um Ihrem Partner zu sagen, was Sie wirklich mögen, ganz gleich, ob es sich um eine Phantasie oder eine erlebte Erfahrung handelt. Kleine Winke und versteckte Andeutungen sind wirkungslos, wenn es um Sex geht. Und necken Sie Ihren Partner nicht wegen Dingen, die er beim Sex tut oder unterläßt. Necken heißt nicht reden – es ist vielmehr eine subtile Form der Herablassung und damit eine äußerst wirkungsvolle Art und Weise, jemanden zu hemmen.

Sie beide müssen offen bleiben und dürfen bei der Diskussion über Sex nicht auf andere Bereiche Ihrer Beziehung ablenken. Und lassen Sie sich nicht dazu verleiten, nur dann über Sex zu sprechen, wenn Sie ein Problem haben. Gespräche sollten dazu dienen, Ihr Sexualleben mit Ihrem Partner zu intensivieren; und wenn das ständig schlecht ist, wird schlußendlich keiner von beiden mehr Lust haben, über Sex zu sprechen.

Beim Sex reden

Bei den meisten Menschen wirken hin und wieder geführte Gespräche Wunder. Aber das läßt sich nicht verallgemeinern.

Finden Sie heraus, welche Dinge Ihr Partner am liebsten hat, und frischen Sie sie gelegentlich ein wenig auf. Fühlen Sie sich nicht verpflichtet, beim Sex immer dieselben Dinge zu sagen. Versuchen Sie es einmal ganz ohne Reden. Ein anderes Mal seien Sie dann so frei, ihm zu sagen, wann und wo Sie ein gutes Gefühl verspüren. Wie bei allen anderen Dingen sollten Sie auch hier Ihre Verhaltensmuster variieren; so können Sie nichts falsch machen.

Hemmungen

Im Idealfall sollte der Sex ein willkommener und bereichernder Bestandteil Ihres Lebens sein. Ein Mensch, der Sex als etwas Natürliches betrachtet, ist eher in der Lage, darüber zu reden, und kann viel mehr neue Erfahrungen beim Liebesspiel machen.

Wenn Sie oder Ihr Partner gegenüber manchen sexuellen Handlungen Hemmungen empfinden oder Ihnen die Sexualität an sich Unbehagen bereitet, dann müssen Sie beide gemeinsam diese heiklen Themen erörtern, sonst können Sie den Sex nicht voll genießen. Besonders in diesem Fall kann die Tatsache, einem anderen Menschen Einblick in Ihre verborgenen Gefühle und Empfindungen zu geben, mehr zur Befreiung Ihrer Sexualität beitragen als sonst irgend etwas.

Weder Sie noch Ihr Partner sollten während des Sexualaktes Dinge tun, die mit Ihren Grundwerten unvereinbar sind; aber Sie sind es sich gegenseitig schuldig, zu erkunden, wie Sie beide fühlen. Ebenfalls sind Sie es sich schuldig, bestimmte Vorlieben nicht als unmoralisch oder pervers zu verurteilen. So wie Sie, als Sie noch Jungfrau waren, nicht wirklich verstanden, was Geschlechtsverkehr ist, können Sie eine Variante des Sex weder verstehen noch darüber urteilen, solange Sie sie nicht probiert noch in Ihrer Phantasie vorgestellt haben. Wenn Sie offen bleiben und Ihrem Partner trauen können, haben Sie gute Chancen, von Ihren eigenen Reaktionen überrascht zu werden.

Geben und Nehmen

Sex ist eine Verbindung aus Geben und Nehmen. Eine Frau, die nur an das Vergnügen ihres Partners denkt, wird eine ebenso schlechte Liebhaberin sein wie eine, die immer nur »nehmen« möchte. Konzentrieren Sie sich immer nur auf äußere Faktoren, so werden Sie am Ende Ihre eigenen Wünsche und Bedürfnisse ignorieren.

Warum eine Frau möglicherweise immer nur »geben« möchte, kann unterschiedliche Gründe haben. Es kann ihr das Gefühl des Beherrschens vermitteln. Manche Frauen sind der irrigen Ansicht, sie erhielten Liebe von ihrem Partner, wenn sie jedem seiner Wünsche nachkämen. Nicht nur werden Sie letztlich unbefriedigt sein, sofern Sie sich ganz auf den Partner konzentrieren, auch nehmen Sie dem Partner einen wichtigen Bestandteil seines sexuellen Erlebens.

Geben und Nehmen können wirklich eine gute Möglichkeit sein, Ihre Liebesspiele abwechslungsreich zu gestalten: Während eines Geschlechtsaktes sollten ein Partner nur der Gebende und der andere nur der Nehmende sein. Beim nächsten Mal vertauschen Sie die Rollen. Doch Sie müssen keine »Liste« darüber führen, wer wem was gegeben hat – und zum Beispiel ihm einen blasen, wenn er Sie mit Cunnilingus beglückt hat. Fühlen Sie sich bloß nicht verpflichtet, ihm Punkt für Punkt alles »zurückzugeben« (Sie müssen ihm keine Massage verabreichen, nur weil er Sie massiert hat). Sex ist ein gegenseitiger Akt, Geben und Nehmen sollten in einem kontinuierlichen, harmonischen Kreislauf ineinander übergehen.

Sagen Sie Ihrem Partner, was Sie wollen

Um eine sexuelle Beziehung zu führen, die Sie wirklich erfüllt, sollten Sie sowohl Ihre eigene Erfahrung als auch die Ihres Partners einbeziehen. Wenn Ihr Partner vor Ihrer Begegnung mehr Erfahrungen hatte, dann schätzen Sie sich glücklich! Das ist eine Chance, Ihren sexuellen Horizont zu erweitern. Und selbst wenn Ihr Partner weniger erfahren ist als Sie, wird er eigenes Wissen einzubringen haben – so wie Sie auch einem erfahreneren Partner etwas ganz Spezielles zu geben vermögen.

Wenn Ihr Partner während des Geschlechtsaktes bei irgend etwas zögert, hat er möglicherweise gar keine Aversion dagegen. Viel wahrscheinlicher ist, daß er es nie zuvor praktiziert hat und sich dabei nicht ungeschickt oder untauglich erweisen will. Vielleicht will er auch nicht zugeben, daß er's noch nicht getan hat.

In einem solchen Fall bietet sich Ihnen eine wunderbare Chance. Sie können Ihren Partner mit neuen sexuellen Erfahrungen bereichern. Erklären Sie ihm zunächst einmal, was Sie gerne tun würden, wie Sie es gerne hätten und was für ein Gefühl das ist. Geheimnis und Sex sind – psychologisch gesehen – ein verführerisches Paar, doch wenn Sie dabei sind, Ihren Partner in etwas ihm Unbekanntes einzuführen, sind Sie es sich schuldig, so deutlich wie möglich zu sein. Danach sollten Sie keinen Druck auf Ihren Partner ausüben. Geben Sie ihm Zeit, sich an die neuen Vorschläge zu gewöhnen. Denn schließlich wollen Sie, daß er Lust dazu hat. Sie wissen, daß auch Sie nicht dazu gedrängt werden wollten, etwas Neues zu probieren.

Im wesentlichen liegt Ihre Verantwortung bei einer sexuellen Begegnung in Ihrer Offenheit. Es ist eine gemeinsame Erfahrung, und sie wird nur dann vollkommen sein, wenn zwischen Ihnen beiden ein Austausch vonstatten geht.

Phantasien

Phantasie spielt im Sexualleben eines jeden Menschen eine große Rolle. Man benutzt Phantasien, um sexuelle Reaktionen zu beherrschen oder zu stimulieren, und häufig sind die Phantasien eines Menschen der verläßlichste Indikator für seine Wünsche und Begierden. Wenn Sie Ihren Partner dazu ermutigen, Ihnen seine geheimsten Phantasien zu offenbaren, werden Sie seine sexuellen Reaktionen viel besser verstehen.

Der einfachste Weg, Ihren Partner zum Reden über seine Phantasien zu bewegen, ist, ihm die Ihren mitzuteilen. Bei einem solch intimen Thema werden Sie beide sich besser fühlen, wenn bei der Offenbarung geheimster Gedanken ein Gleichgewicht besteht.

Die meisten Menschen werden mit einer sehr einfachen »akzeptablen« Phantasie beginnen. Offenbart man seine Phantasien, fürchtet man sich vor Ablehnung oder Verurteilung. Oft ist dies der Fall, weil es sich bei Phantasien um Tabus oder Situationen handelt, mit denen ein Mensch im wirklichen Leben nicht konfrontiert werden möchte. Aber das sind eben Phantasien: ein Ventil für Triebe, die von der Gesellschaft nicht akzeptiert werden. Sie müssen Ihre eigenen Phantasien nie im Zaum halten oder zensieren. Es gibt keinen Zug in Ihrem Wesen, dessen Sie sich schämen müßten. Die Phantasien sind ein Teil Ihrer selbst und Teil des Charakters, den Ihre Persönlichkeit herausgebildet hat. Sich selbst zu verstehen und zu akzeptieren ist der Schlüssel zur sexuellen Erfüllung.

Vielleicht sind Ihnen Ihre Phantasien gar nicht vollständig bewußt – möglicherweise entwickeln sie sich in Ihrem Geist auf einer unterschwelligen Ebene, mit undeutlichen Merkmalen, die dann Ihre sexuellen Reaktionen auslösen. Wenn Sie Ihrem Partner dies klarmachen können, werden Sie gleichzeitig lernen, sich selbst viel besser zu verstehen. Gibt es Verhaltensmuster und gewisse Szenen, auf die Sie besonders ansprechen? Lieben Sie Szenen des Dominierens, der Erniedrigung, der Unterwerfung oder solche, wo Tabus gebrochen werden? Nur wenn Sie vollkommen aufrichtig und willens sind, Ihre grundlegendsten Reaktionen zu erforschen, werden Sie entdecken, was Sie motiviert – nicht nur auf sexuellem Gebiet, sondern auch sonst im Leben.

Neben den gewonnenen Erkenntnissen wird das Mitteilen von Phantasien die Vertrautheit zwischen Ihnen und Ihrem Partner vertiefen. Das Vertrauen, das bei den Gesprächen zum Tragen kommt, wird dazu beitragen, eine Basis für eine wahrhaftige und liebevolle Beziehung aufzubauen.

Rollenspiele

Sie müssen eine gute Kommunikation herstellen, ehe Sie eine Phantasie ausleben können. Es ist wichtig, den Rahmen der »Handlung« und Ihre jeweiligen Rollen festzulegen, bevor Sie anfangen. Das kann so harmlos sein wie, daß einer von Ihnen der Verführer und der andere der oder die Verführte ist. Sie können auch verschiedene Persönlichkeiten oder Charaktere aus Büchern oder Erzählungen – oder auch irgendwelche Stereotype – auswählen und dann sehen, was passiert, wenn sie aufeinandertreffen. Oder Sie können eine regelrechte Theaterszene spielen, mit Kostümen und Dialogen.

Viele Leute finden, daß sie ein Gefühl der Befreiung verspüren, wenn sie ihre Phantasien ausleben. Dies ist eine bessere Möglichkeit, eine größere Bandbreite sexueller Handlungen in Ihre Begegnungen einfließen zu lassen, als eine Phantasie einfach aus heiterem Himmel vorzuschlagen. Wenn Sie schon immer einmal Ihren Partner fesseln wollten, dann können Sie ihm dies vermitteln, indem Sie von Ihrer Fessel-Phantasie sprechen. Wenn er dafür empfänglich ist und ihn Ihre Vorstellung erregt, dann können Sie vorschlagen, es einmal zusammen zu versuchen.

Vergessen Sie nicht, daß nicht alle Phantasien ausgelebt werden sollten. Wenn Ihr Partner sich damit nicht anfreunden kann, dann wird es das beste sein, das Thema zu beenden und erst einmal abzuwarten. Sie sollten ganz detailliert erklären, was Sie an einer bestimmten Phantasie reizt. Wenn Sie sich beide jeder Wertung enthalten und sich gegenseitig verstehen, dann wird das Ausleben Ihrer Phantasien eine aufregende, faszinierende Erfahrung sein.

Wenn eine Phantasie dominiert

Oft entwickeln Leute eine gewisse Phantasie, in der Sie mit Hilfe spezieller Handlungen und Gedanken Befriedigung finden. Die »Samstagabend-Missionarsnummer« kann als ein sexuelles Ritual angesehen werden, in dem immer wieder ein und dieselbe Stellung – unter Aus-

schlußanderer Formen des sexuellen Ausdrucks – eingenommen wird. Andere Menschen wiederum machen Fetische oder alternative Formen des Geschlechtsaktes zum Mittelpunkt ihrer sexuellen Befriedigung.
Wenn einer Phantasie ungeheuere Bedeutung zukommt, kann sie so komplex strukturiert sein, daß es unmöglich ist, jedem Detail gerecht zu werden. Wenn Sie eine beherrschende Phantasie in Ihrem Leben haben, schulden Sie es sich und Ihrem Partner, sich den sexuellen Varianten zu öffnen.

Vorspiel

Natürlich beginnt das Vorspiel mit Worten und Gesten der Zuneigung. Unterschätzen Sie die Wirkung des Wortes nicht, wenn Sie in jemandem Begierde entfachen wollen. Selbst wenn Ihr Partner kein Interesse daran zu haben scheint, über sexuelle Vorlieben oder Phantasien zu sprechen – dann tun Sie's trotzdem. Nicht nur ist das notwendig, um herauszufinden, ob Sie beide zusammenpassen, sondern es verschafft auch einen angenehmen Kitzel, über Sex zu reden, ehe man ihn praktiziert.
Was die körperliche Seite des Vorspiels betrifft – die meisten Frauen hassen es, wenn ein Mann nach ihren Brüsten greift, ein wenig an ihrer Klitoris herumreibt und dann erwartet, daß sie zum Geschlechtsverkehr bereit sind. Doch genau so nähern sich viele Frauen den Männern. Anstatt jeden Körperteil ihres Partners sanft zu berühren und zu erkunden, stürzen sie sich auf den Penis und lassen alles andere außer acht.
Gewiß, der Penis ist voller Nerven, und es ist für Ihren Partner ein tolles Gefühl, wenn er dort berührt wird; aber es schränkt Ihr Sexualleben kolossal ein, wenn Sie sich

ausschließlich auf seine Genitalien konzentrieren. Auch kann es den Eindruck vermitteln, Sie versuchten, den Geschlechtsakt möglichst schnell hinter sich zu bringen.
Wenn Sie beginnen, Ihren Partner zu berühren, meiden Sie zuerst einmal seinen Penis. Selbst wenn er eine Erektion hat, kann es doch sehr erregend sein, wenn eine Frau andere Körperteile ihres Partners mit Zunge und Händen liebkost, bevor ihre Lippen und Fingerspitzen über seinen Penis streifen. Ein ausgedehntes, langsames Einstimmen wird jeden Mann auf Touren bringen.

Massage

Massage ist ein ausgezeichneter Weg, den Körper Ihres Partners zu berühren, zu schmecken und zu verstehen. Es gibt viele unterschiedliche Massagetechniken, angefangen vom *Kamasutra* bis zum modernen *Shiatsu*. Doch sexuelle Massage ist eine Kunst ohne festgelegte Formen, die jeder Situation und jedem Menschen angepaßt sein sollte. Ob es sich um eine kurze Massage handelt, bei der Ihr Partner sitzt oder steht, oder ein ganz ausführliches Szenario, wobei er nackt auf dem Bett liegt – Massage ist eine variantenreiche indirekte sexuelle Berührung.
Es gibt drei grundlegende Massagemethoden:
Das *Ausstreichen* mit dem Handteller oder den Fingern. Das kann mit leichtem oder stärkerem Druck, mit kurzen oder längeren Strichen geschehen. Diese Technik entspannt die Muskeln und verbessert die Blutzirkulation der kleinen äußeren Blutgefäße. Auch nimmt man an, daß damit der Blutfluß zum Herzen erhöht wird.
Drücken, das auch Kneten und Walken mit umfaßt. Gewöhnlich drückt man bestimmte Muskeln und Gelenke. Denken Sie immer daran, Ihre Finger beim Drücken ge-

streckt und schräg zu halten. Sie können dabei die Fingerspitzen, die Handkante oder Ihren Daumenballen nehmen.
Hackmassage, bei der man mit den Handkanten auf die Haut hämmert. Das kann schnell oder langsam und in unterschiedlicher Intensität geschehen. Hackmassage verbessert die Durchblutung.
Massage kann alles mögliche sein: von einem schnellen Reiben, wenn er morgens an der Kaffeemaschine hantiert, bis hin zu einem sinnlichen Erlebnis mit gedämpftem Licht, Musik und Massageölen. Die »Gelegenheitsmassage« kann im angekleideten Zustand geschehen, wohingegen eine Ganzkörpermassage jede Partie des nackten Körpers behandelt. Es gibt auch noch die Hand- und Fußmassagen und die Kopfhautmassage. Jede Massageart kann auch ohne sexuellen Beigeschmack verabreicht werden, ist möglicherweise aber auch ein befriedigendes Vorspiel.
Wie alles andere ist auch die Massage eine Fähigkeit, die man lernen muß. Sie müssen etwas dazutun, um besser zu werden. Und achten Sie während des Massierens gut auf das Feedback, das Ihr Partner Ihnen gibt!

Petting

Gutes Petting zielt nicht nur auf die Genitalien ab. Sie haben zwei Körper zu Ihrer Verfügung – erforschen Sie jeden einzelnen Teil davon.
Auch ist es wichtig, Ganzkörperkontakt zu haben, ganz gleich, ob Sie liegen oder stehen. Manche Menschen nennen das einfach Schmusen. Auf diese Weise gewöhnen Sie sich daran, wie Ihre beiden Körper harmonieren. Vielleicht fühlen Sie und Ihr Partner sich wohler, wenn Sie angekleidet sind – es verleiht einen ganz bestimmten Kitzel, Ihren Partner zu berühren, wenn Sie beide noch bekleidet sind.

Auch sollte Sie nichts davon abhalten, sich gegenseitig zu massieren und zu berühren, bis Sie zum Höhepunkt kommen. Petting ist eine reale Alternative zum Geschlechtsverkehr – und keiner von beiden muß sich um Geschlechtskrankheiten oder Empfängnisverhütung Gedanken machen. Selbst wenn Sie normalerweise Vaginalverkehr haben, sollten Sie gelegentlich aus der Routine ausbrechen und durch Petting zum Orgasmus kommen. Ihren Partner wird die Spannung, die daraus erwächst, daß er seinen Penis nicht einführen darf, ganz wild vor Begierde machen. Und das wird Ihnen beiden guttun.

Masturbation

Masturbation ist ein normaler Bestandteil des Sexuallebens. Es gibt zwei gute Gründe zu masturbieren: Sie verschaffen sich damit ein erotisches Vergnügen, und Sie erfahren dadurch mehr über Ihre eigenen sexuellen Reaktionen.

Alle Männer und Frauen masturbieren zu einem gewissen Grade. Die meisten Menschen geben das nur nicht so ohne weiteres zu. Selbstbefriedigung wird oft als etwas angesehen, das man im verborgenen tun sollte. Doch bereichert es Ihren Geschlechtsverkehr – den intimsten Akt, der sich zwischen zwei Menschen abspielt – sicherlich, wenn Sie voreinander masturbieren.

Sich mit und vor Ihrem Partner selbst zu stimulieren kann das Gefühl Ihrer Intimität enorm intensivieren, da es eine große, ungenutzte Bandbreite sexueller Interaktionen eröffnet. Als Alternative zum Geschlechtsverkehr oder als Teil einer sexuellen Begegnung kann Selbstbefriedigung ebenso mit Ihrem Partner geteilt und ausgekostet werden wie unterschiedliche Stellungen beim Verkehr oder sonstige sexuelle Handlungen. Wenn Ihr Partner Ihnen beim

Masturbieren zusieht, wird er viel über Ihre sexuellen Reaktionen erfahren, und Sie wiederum werden besser verstehen, auf welche Weise er seinen Penis berührt haben möchte, wie er geknetet und gestreichelt werden will und welchen Rhythmus er bevorzugt.
Geschlechtsverkehr sollte nicht das vorrangige Ziel jeder sexuellen Begegnung sein. Wenn es am Ende immer zum Verkehr kommt, wird bald keine Spannung mehr in Ihrer sexuellen Beziehung bestehen.

Oraler Sex

Ihr Mund ist ein äußerst sinnliches Organ. Damit können Sie den Körper Ihres Partners schmecken, berühren und riechen. Im Grunde ähnelt Ihr Mund in vielem Ihren Genitalien – er ist reich an Nervenenden und sehr empfänglich für Stimulierung. Es macht durchaus Sinn, wenn zwei Menschen ihre Münder und ihre Geschlechtsorgane zusammenbringen.
Manche Menschen stört es, daß die Sexualorgane und die Ausscheidungsorgane so nah beieinander liegen. Der Penis wird sowohl zum Urinieren als auch zum Sex benutzt, und vielleicht machen Sie sich Sorgen, er könnte mit Urin beschmutzt sein. Männer haben zuweilen die vage Vorstellung, der Urin der Frau käme von irgendwoher aus ihrem Unterleib und verunreinige den gesamten Bereich.
Doch Harn ist eine sterile Flüssigkeit. Sexuelle Sekrete wie Sperma und die Scheidenflüssigkeit sind harmlose, eiweißhaltige Substanzen. Bei normaler Hygiene sind die Geschlechtsorgane ebenso keimfrei und sauber wie andere Körperteile. Tatsächlich enthält der Mund gewöhnlich viel mehr Keime als der Penis oder die Vulva.

Wenn Sie oder Ihr Partner sich immer noch über das Thema Sauberkeit Gedanken machen, dann nehmen Sie doch einfach gemeinsam eine Dusche! Es kann ein wunderbares Vorspiel sein, den Körper Ihres Partners Zentimeter für Zentimeter zu säubern; danach soll er Sie ganz sanft waschen. Danach werden sicherlich keinerlei Befürchtungen mehr bestehen, einer von Ihnen könne möglicherweise nicht blitzsauber sein.

Neben der Sauberkeit ist es gewöhnlich fehlende Kenntnis über die Genitalien des Partners, die Menschen davon abhält, oralen Sex zu genießen. Lernen Sie durch Schauen, Berühren und Reden, was ein gutes Gefühl vermittelt.

Cunnilingus

Seien Sie nicht besorgt oder peinlich berührt, wenn Ihr Partner zu zögern scheint, wenn es darum geht, Ihnen Cunnilingus zu machen. Vielleicht sollten Sie ihm ganz einfach zeigen, daß Sie selbst Ihre Genitalien akzeptieren und sie Ihnen wohlvertraut sind. Wenn Sie Ihre eigenen Genitalien nicht gerne vor seinen Augen berühren, dann besitzen Sie nicht die richtige Einstellung, mittels deren Sie genießen könnten, daß er Sie dort berührt und dort küßt.

Ein Mann, der keine Anstalten macht, Cunnilingus zu versuchen, weiß einfach nicht genug über die weiblichen Sexualorgane. Doch gerade in diesem Bereich ist Geheimniskrämerei absolut unangebracht. Berühren Sie sich ohne Hemmungen vor ihm. Befriedigen Sie sich selbst oder spreizen Sie die Beine und streicheln Sie sich. Zeigen Sie ihm, wie Sie gerne stimuliert werden wollen, und äußern Sie gleichzeitig Ihren Genuß daran. Die meisten Menschen lieben es, dabei zuzuschauen, und es kann nur sinnvoll sein, wenn Sie es Ihrem Partner vorführen. Er wird Lust haben, Sie genau dort zu berühren und zu streicheln.

Akzeptieren Sie Ihren eigenen Körper und genießen Sie ihn, dann wird Ihr Partner es ebenso tun. Die meisten Männer wüßten nicht viel über den Unterleib einer Frau, wenn eine Frau sie nicht darin eingeweiht hätte. Sie wissen nicht, wie empfindlich die Klitoris sein kann oder daß man die großen Schamlippen stärker kneten oder streicheln kann als die kleinen Schamlippen.

Lassen Sie es sich nicht nehmen, freundliche Ratschläge zu geben und Vorschläge zu machen. Unterbrechen Sie ihn, wenn er etwas tut, was Ihnen unangenehm ist. Nie werden Sie eine bessere Chance bekommen, auf nette Weise seine Liebestechnik zu korrigieren, als bei den ersten Malen, in denen er Cunnilingus macht.

Ebenfalls sollten Sie Ihren eigenen Geruch kennen und wissen, wie unterschiedlich die verschiedenen Sekrete riechen. Die Scheidenflüssigkeit hat einen ganz bestimmten Geruch und Geschmack, der bei jeder Frau anders ist. Da er so eng mit Geschlechtsverkehr assoziiert wird, törnt er viele Männer an. Doch trifft das nicht auf alle Männer zu. Nehmen Sie ihn als natürlichen Bestandteil des Frauseins, und ich wette, Ihr Partner wird diese Anschauung teilen.

Fellatio

Einen Mann zu beobachten, während er sich selbst befriedigt, ist der beste Weg herauszufinden, wie er seinen Penis berührt haben will. Auch sollten Sie mit ihm über seine Geschlechtsorgane reden. Selbst wenn Sie schon viel Erfahrung mit Fellatio haben – jeder Mann ist anders. Wie Ihre eigenen Genitalien, so sind der Penis und der Hodensack an manchen Stellen empfindlicher als an anderen. Nur er kann Ihnen sagen, wo. Schauen und hören Sie ihm also gut zu, und lernen Sie, was Ihr Partner gerne hat.

Oraler Sex gehört einfach zur Erforschung seines Körpers,

nehmen Sie Ihre Zunge, die Lippen und Hände dazu. Die meisten Männer lieben es, wenn man ihren Penis streichelt, leckt und in den Mund nimmt; ebenso mögen sie den leichten Druck, der durch das Saugen am Penis entsteht. Nehmen Sie bei seinem Penis Ihre Handflächen und Finger, aber berühren Sie auch seinen Bauch und gleiten Sie über seine Schenkel und Hinterbacken. Vergessen Sie die Hoden nicht, streicheln Sie sie zart mit den Fingerspitzen in einer Richtung. Manche Männer mögen es auch, an der Verbindungsstelle zwischen unterem Hodenteil und Anus sanft berührt zu werden. Der Anus selbst ist mit seinen vielen Nervenenden sehr sensibel, und der Genuß an der Fellatio kann gesteigert werden, wenn er zusätzlich berührt wird.

Geben Sie ihm Feedback während des oralen Sex. Sagen Sie ihm, was für ein Gefühl Sie im Augenblick empfinden und welche seiner Reaktionen Sie erregt. Sie müssen nicht übertreiben, aber ein bißchen Bekräftigung wirkt manchmal Wunder. Er wird sich später daran erinnern, was für ein tolles Gefühl es war, und wird die Liebesdienste wahrscheinlich erwidern, wenn er Ihnen oralen Sex gibt.

Und jetzt *die* Frage: Sollen Sie seinen Penis ganz in den Mund nehmen? Die Männer behaupten, sie empfänden einen gewissen psychologischen Kitzel, wenn Frauen den ganzen Penis in den Mund nähmen. Doch häufig genügt ihnen, die Lippen der Geliebten an Haut und Haar der Peniswurzel zu spüren sowie den feuchten Kontakt mit ihrer Mundöffnung zu haben. Doch der Mund ist eine große, offene Höhlung und stimuliert den Penis nicht an allen Stellen in derselben Intensität. Deshalb wird diese Technik als eine Art »Höhepunkt« bei der Fellatio angesehen und hochgeschätzt.

Manche Frauen finden es schwierig, den Würgereflex zu

unterdrücken, der ausgelöst wird, wenn etwas gegen ihren Rachen stößt. Aber wenn der Kopf – wie bei einem Schwertschlucker – zurückgebogen wird, verlaufen Mund und Hals in einer geraden Linie, und der Würgereflex verringert sich dadurch beträchtlich.

Soll eine Frau den männlichen Samen schlucken?

Darauf gibt es keine allgemeingültige Antwort. Doch ein Mann wünscht sich natürlich, daß jeder Aspekt seines Körpers akzeptiert und beifällig aufgenommen wird. Die meisten Männer – und so auch Ihr Partner – werden sich abgelehnt fühlen, wenn Sie den Samen ausspucken oder nicht zulassen, daß er in Ihren Mund gelangt.

Das Schlucken des männlichen Samens wird oft als höchste Form der Hingabe einer Frau angesehen. Die meisten Männer werden es lieben und sich mit größerer Bereitschaft revanchieren, indem sie jeden Aspekt *Ihres* Körpers akzeptieren.

Doch oft ist der Samen einfach kein kulinarischer Genuß! Die Ernährung spielt dabei eine große Rolle. Männer, die koffeinhaltige Getränke oder Alkohol zu sich nehmen, haben eher einen bitter schmeckenden Samen. Proteine oder mangelnde Proteine in der Ernährung eines Mannes können den Geschmack ebenso ändern. Doch wenn ein Mann sehr viel Obst ißt, wird sein Samen möglicherweise dadurch süßer.

Also: Was gut genug für Sie ist, ist auch gut genug für ihn. Manche Männer haben auch schon ihren eigenen Samen probiert. Nehmen Sie ein bißchen davon auf Ihren Finger und lassen Sie ihn kosten, oder geben Sie ihm nach dem Oralsex einen Zungenkuß; dann kann er seinen eigenen Geschmack an Ihnen testen. Ziel soll sein, Hemmschwel-

len zwischen Ihnen beiden abzubauen, und das geht am schnellsten, wenn Sie Ihre Körper und deren Funktionen vollständig akzeptieren.
Doch dürfen Sie nicht vergessen, daß durch Samen auch das Aids-Virus übertragen werden kann. Ehe Sie nicht wissen, daß Ihr Partner nicht HIV-infiziert ist, sollten Sie ihn nicht in Ihren Mund ejakulieren lassen. Um ganz sicher zu gehen, wird empfohlen, bei oralem Sex ein Kondom zu benutzen.

69

Manche Menschen sind so geschickt, daß sie oralen Sex geben können, während sie ihn bekommen. Andere wiederum finden es unsinnig, ein so wunderbares Gefühl zu verderben, indem man versucht, sich gleichzeitig auf etwas anderes zu konzentrieren. Es ist eine rein persönliche Entscheidung: Fragen Sie Ihren Partner, was er davon hält. Es gibt eine Menge Positionen, die Sie ausprobieren können; Sie können die Stimulierung in 69-Stellung auch als kurzes Zwischenspiel betrachten, ehe Sie zu etwas anderem übergehen.

Geschlechtsverkehr

Abwechslung

Der Schlüssel zu einem beidseitig befriedigenden Geschlechtsverkehr ist Spontaneität. Sie haben bei der Gestaltung eines Liebesakts unbeschränkte Freiheit; das geht von einem »Quickie« bis hin zu einer abendfüllenden Verführung. Passen Sie Ihre sexuellen Begegnungen dem Ambiente an. Wenn Sie in der Küche Verkehr haben, wird es dabei wohl nicht gerade sehr romantisch zugehen – eher

wird der Sex hier, unter Neonlicht, heftig und etwas rauh sein. Sie können aber auch eine sinnliche Atmosphäre für eine langsame, erotische Szene schaffen, indem Sie schummriges Kerzenlicht bereitstellen oder ein Kaminfeuer brennen lassen.
Frönen Sie nicht immer derselben Gewohnheit, tun Sie nicht ständig die gleichen Dinge, nur weil sie Ihnen vertraut und bequem sind! Dadurch stellt sich rasch ein Gefühl der Langeweile ein, und Sie werden es nicht einmal merken, bis Sie sich bei dem Gedanken ertappen, daß Sex zuviel Mühe macht oder die Anstrengung im Grunde nicht lohnt. Sobald Sie in Routine verfallen, stehen Sie am Anfang vom Ende Ihrer sexuellen Beziehung.
Praktizieren Sie Sex nicht nur im Bett. Es mag möglicherweise nicht so bequem auf dem Teppich oder auf der Couch sein, aber seit wann ist Bequemlichkeit das Hauptziel des Sex? Vielleicht hat Ihr Sofa die ideale Höhe dafür, daß Sie sich an die äußerste Kante setzen und Ihr Partner in Sie eindringen kann. Tische eignen sich hervorragend zum Darüberbeugen. Und Ihre hübsche Fensterbank eignet sich unter Umständen wunderbar zum Daraufknien.
Ebenso können Sie den Rhythmus mitkontrollieren, indem Sie auf Ihrem Partner sitzen oder Ihre Hände an seine Hüften legen – damit verlangsamen oder heizen Sie den Rhythmus an. Das Variieren von Art und Rhythmus des Stoßens kann den Tenor des Liebesakts gänzlich verändern – von langsam und geruhsam bis zu schnell und heiß. Lassen Sie nicht zu, daß immer *er* den Rhythmus bestimmt, und halten Sie nicht immer am selben Tempo fest; Sie wollen ja auch nicht immer in derselben Stellung Geschlechtsverkehr haben.

Positionen

Die »Missionarsstellung« bedeutet gewöhnlich, daß beide Partner ausgestreckt daliegen, der Mann auf der Frau. Die wesentlichen Varianten ergeben sich daraus, wie die Frau ihre Beine verlagert. Sie können Ihre Beine anwinkeln und Ihre Füße auf das Bett stützen. Dies ermöglicht Ihnen, auf seinen Stoß mit einem Gegenstoßen zu reagieren. In dieser Position werden Sie beide in der Lage sein, sich zusammen zu bewegen – keiner wird vollkommen den Rhythmus beherrschen. Sie können auch Ihre Beine um seine Hüften und Oberschenkel schlingen oder sich mit Ihren Beinen an seinen Schultern abstützen. So kann Ihr Partner tiefer eindringen als bei der normalen Missionarsstellung. Ihre Hüften werden dann gegen das Bett gepreßt, wodurch er den Rhythmus beherrscht.
Die Frau kann auch oben sein und rittlings auf den Hüften des Mannes sitzen, während er in Liege- oder Sitzposition ist. Diese Stellung ist wunderbar dafür geeignet, um sich zusammen zu bewegen. Viele Männer mögen sie, weil sie ihnen freie Hand läßt, die Partnerin zu liebkosen. Er kann auch Ihre Taille oder Hüften umfassen, um den Rhythmus mitzubestimmen. Auch können Sie sich vorbeugen, um den Penetrationswinkel zu wechseln.
Dann gibt es noch das Eindringen von hinten, wobei Sie beide in dieselbe Richtung schauen. Ob im Stehen, im Knien oder liegend – es gibt mehr Variationen, als Sie zählen können! Auch diese Position wird von vielen Männern geschätzt, weil sie dann die Hände frei haben, um die Partnerin zu streicheln oder ihre Hüften zu umfassen.

Analverkehr

Analverkehr ist etwas, wozu beide Partner wirklich den Wunsch haben müssen, sonst kann er nicht funktionieren. Viele Männer haben eine ausgesprochene Schwäche für Analverkehr, weil die engen Muskeln des Afters ihnen eine wunderbare Stimulierung verschaffen, die sich von der vaginalen Penetration unterscheidet. Wenn der- oder diejenige, der penetriert wird, nicht völlig entspannt ist, ist es unmöglich, in den Anus einzudringen, ohne Schmerz oder Schaden zu verursachen. Gleitmittel erleichtern das Eindringen.

In jeder Stellung, in der man Vaginalverkehr pflegt, kann auch Analverkehr praktiziert werden. Deshalb sollte man die Positionen wechseln – um beiden Partnern die Chance geben, den Rhythmus mitzubestimmen.

Gehen Sie beim Ausprobieren des Analverkehrs schrittweise vor. Beginnen Sie mit zarten Berührungen, und gehen Sie langsam zum Analverkehr über.

Vor dem Analverkehr sollten Sie sich besser waschen. Es verringert das Infektionsrisiko, wenn Ihr After frei von fäkalen Stoffen ist, ehe die Innenwände beansprucht werden. Und auch hier: Benutzen Sie immer ein Kondom. Ganz abgesehen von Aids ist der After nicht mit derselben dicken Innenwand ausgestattet wie die Vagina. Es kommt vor, daß beim Verkehr dort kleine Risse entstehen. Dazu befinden sich sehr virulente Viren im Anus. Wenn Sie Analverkehr praktizieren, muß auch der Penis gewaschen werden, ehe er in die Vagina eingeführt wird; ansonsten können die Bakterien hier schlimme Infektionen verursachen.

Wo

Es ist gut möglich, daß es für Ihren Partner wichtig ist, wo und wann Sie Sex haben, als wie Sie ihn praktizieren. Achten Sie auf Abwechslung und Aufregung, auch wenn das bedeutet, daß Sie sich in verschiedenen Zimmern Ihres

Hauses lieben; auch in einem überfüllten Raum können Sie ihm zuflüstern, wie scharf Sie auf ihn sind.
Sex ist ein sinnliches Erlebnis, und wenn Sie all Ihre Sinne einsetzen, steigert das auch die Sinnlichkeit. Sie schränken sich selbst ein, wenn Sie den äußerlichen Rahmen, in dem Sie sich lieben, einschränken. Ehe Sie es nicht versucht haben, werden Sie nie wissen, wie aufregend es sein kann, an einem für Sie ungewöhnlichen Ort zusammen zu schlafen.
Jeder Ort der Welt eignet sich für die Liebe. Es mag sich herausstellen, daß er unbequem oder die ganze Sache etwas überstürzt vonstatten geht – aber das pure erotische Vergnügen, im Auto, im Freien oder im Badezimmer während einer Party Verkehr zu haben, ist es wert, jede Unannehmlichkeit auf sich zu nehmen. Sie möchten den Komfort und die Intimsphäre Ihres eigenen Schlafzimmers vielleicht nicht gerne missen, doch wenn Sie die Gelegenheit einmal ergreifen, werden Sie etwas erleben, das Sie nicht so schnell wieder vergessen.
Sie können vorausplanen, an einem ungewöhnlichen Ort zusammen zu schlafen, Sie können sich aber auch spontan dazu entschließen. Tatsächlich ist es leichter, günstige Gelegenheiten, die sich Ihnen bieten, einfach beim Schopfe zu packen. Vielleicht geht es dabei nicht immer romantisch zu – sicher aber erotisch!
Zögern Sie nicht aus Angst, »erwischt« zu werden. Lassen Sie sich nicht davon abhalten und schlagen Sie ruhig ein Schäferstündchen vor, wenn Sie eine gute Stelle oder eine passende Stunde dafür sehen. Selbst wenn Sie dann nicht immer wirklich miteinander Verkehr haben, allein der Vorschlag und das Wissen, daß Sie's tun *könnten*, verleiht schon einen angenehmen Kitzel.
Indem Sie Ihrem Partner immer wieder sagen, wie sehr

Sie sich körperlich von ihm angezogen fühlen und wie gerne Sie mit ihm schlafen, tragen Sie viel dazu bei, die sexuelle Spannung in Ihrer Beziehung zu fördern. Wenn Sie den Sex ausschließlich für spezielle Anlässe reservieren oder ihn nur an bestimmten Orten praktizieren, isolieren Sie ihn von der übrigen Beziehung.

Wann

So wie in anderen Bereichen des Lebens Abwechslung von Vorteil ist, sollten Sie auch nicht immer zur selben Stunde und am selben Tag sexuell verkehren.

Die weibliche »Körperchemie« unterliegt im wesentlichen zwei Zyklen – dem Tages- und dem vierwöchentlichen Menstruationszyklus. Ihre sexuelle Reaktionsfähigkeit und Ihr sexuelles Empfinden verändern sich mit diesen Zyklen.

Sie sind es sich selbst schuldig, Ihren Menstruationszyklus aufmerksam zu beobachten und zu lernen, wie Ihre sexuellen Reaktionen sich mit den hormonellen Veränderungen wandeln. Der Eisprung erfolgt ungefähr vierzehn Tage nach Beginn der letzten Periode. Häufig haben Frauen zur Zeit des Eisprungs ein Verlangen nach bestimmten Speisen oder leiden unter leichten Bauchkrämpfen. Ihr Körper verändert sich chemisch so, daß er Sie danach drängt, Sex zu haben. Sie können diese hormonbedingten Aphrodisiaka entweder nach Kräften ausnutzen oder diese unterschwelligen Lockrufe ignorieren. Auch wird sich Ihr Körper mit dem Einsetzen jeder Periode verändern; insbesondere Brüste und Unterleib schwellen dann an und sind empfindlicher als sonst.

Die feinen Veränderungen, die sich im Laufe der Tages in Ihren Körperrhythmen abzeichnen, und ihr Einfluß auf Ihre sexuellen Reaktionen sind es ebenfalls wert, ausgeforscht zu werden. Vor allem mit einem neuen Liebhaber sollten Sie zu verschiedenen Tageszeiten Sex erleben. Manche Menschen haben früh morgens oder spät abends, wenn sie müde sind, kaum sexuelle Reaktionen, können aber ihre Begierde zu anderen Stunden kaum zügeln. Sie müssen sich sowohl mit Ihren eigenen Rhythmen und Vorlieben als auch mit denen Ihres Partners vertraut machen.

Stimulierende Hilfsmittel

Sexuelle Hilfsmittel sind Gegenstände, die dazu dienen, Ihre sexuellen Begegnungen zu intensivieren – ob es sich um Reizwäsche, Satinlaken, Erotika, Spielzeug oder Aphrodisiaka handelt Mit fast allem kann man Abwechslung ins Sexualleben bringen; und da Eintönigkeit den Tod von Lust und Sex bedeutet – probieren Sie ein paar der folgenden Möglichkeiten doch einfach einmal aus!

Aufregende Dessous

Männer lieben es, wenn Frauen hübsche Unterwäsche tragen, die ihren Körper zur Geltung bringt. Solche Dessous müssen nicht teuer oder ausgefallen sein, doch wenn Ihre Büstenhalter und Höschen alt oder unansehnlich sind oder Ihnen nicht richtig passen, kann dies wirklich und wahrhaftig eine abschreckende Wirkung haben. Ihr Partner sieht auch an Ihrer Unterwäsche, wie Sie zu sich selbst stehen, und er wird sich fragen, wie Sie sich attraktiv fühlen können, wenn Sie etwas so Ausgeleiertes und Abgetragenes anhaben. Und außerdem – Sie nehmen sich Zeit und Mühe, für den Rest der Welt gut auszusehen, wollen Sie Ihren Partner nicht gerne noch angenehmer überraschen?

Auch eignet sich Reizwäsche hervorragend dafür, Ihre sexuellen Begegnungen zu variieren. Mit fortlaufender Beziehung können Sie auch gemeinsam Reizwäsche aussuchen. Dies kann schon an sich ein erotisches Erlebnis sein. Versandkataloge für männliche und weibliche Dessous sind hier besonders zu empfehlen. Sie können der Erregung gleich die Tat folgen lassen.
Achten Sie darauf, was Ihr Partner über Sie sagt, und bringen Sie die Körperteile zur Geltung, die er an Ihnen besonders liebt. Aber lassen Sie sich nicht davon abhalten, in hohen Absätzen und T-Shirts herumzulaufen, auch wenn er vor allem Ihre Brüste schätzt. Geben Sie ihm die Gelegenheit, jeden Teil Ihres Körpers zu bewundern.

Aphrodisiaka

Zu allen Zeiten hat man – je nach Mode – Hunderten von Getränken und Speisen erotisierende Kräfte zugeschrieben: Austern, Wachteleiern, Ingwer, Schokolade und vielem mehr. Doch haben die meisten dieser Speisen diesen Ruf eher aufgrund ihrer Assoziation mit Sex als wegen ihrer tatsächlichen Wirkung auf die Sexualität.
Selbst die Spanische Fliege oder Kantharide – das berühmteste Aphrodisiakum – ruft keine sexuelle Reaktion in Ihrem Körper hervor. Im Grunde sind viele der Pülverchen und Mixturen, die als anregende Mittel verkauft werden, gar nicht gesund und können sogar regelrecht gefährlich sein. Versuchen Sie so etwas am besten gar nicht erst. Alkohol kann Ihnen Hemmungen nehmen, aber zu viel davon kann die gegenteilige Wirkung eines Aphrodisiakums haben. Der oder die Betreffende kann übellaunig und deprimiert werden, die körperlichen Empfindungen stumpfen ab; bei Männern ist die Erektionsfähigkeit unter Umständen eingeschränkt.

Marihuana ist ein leichtes Antidepressivum; es entspannt Körper und Geist, baut Hemmungen ab und versetzt den Betreffenden in eine leicht euphorische Stimmung. Wenn Sie Lust auf Sex haben, macht es den Verkehr eventuell zu einem höchst erotischen Erlebnis, denn es erhöht die Wahrnehmungsfähigkeit für visuelle Eindrücke und körperliche Empfindungen. Doch wirkt Marihuana auf manche Menschen viel zu entspannend, als daß sie danach noch guten Sex praktizieren könnten. In vielen Ländern ist selbst der Besitz einer kleinen Menge Marihuana illegal.

Amylnitrate werden in kleinen Kapseln verkauft, die Sie aufbrechen und inhalieren. Butylnitrit-Produkte werden als Duftzerstäuber oder Raumdeodorant verkauft, aber sie erzeugen dieselbe Wirkung wie das rezeptpflichtige Amylnitrat. Amylnitrate entspannen die Blutgefäße, vermindern den Blutdruck und geben dem Konsumenten ein Gefühl der Wärme und der Leichtigkeit. Sowohl Amylnitrit als auch Butyl zerstören bei längerer Einnahme das Immunsystem.

Der Droge »Ecstasy« wird nachgesagt, sie intensiviere sexuelle Empfindungen. Doch sind die Langzeitwirkungen unbekannt, weshalb diese »Designerdroge« auch nicht zu empfehlen ist.

Kokain kann, wie jede andere Droge auch, sehr unterschiedliche Wirkungen auf Menschen haben; das hängt von dem jeweiligen Metabolismus ab. Manche Männer schwören auf Kokain und behaupten, es verlängere und intensiviere das sexuelle Empfinden. Bei anderen Männern wiederum hat Kokain eher die Wirkung, die Erektion zu schwächen. Auch Kokain ist eine illegale Droge.

Sex-Spielzeug

So wie Sie jedes anderen Schnickschnacks bald überdrüssig werden, kann es Ihnen auch sehr schnell mit

Sex-Spielzeug ergehen. Doch auch wenn Sie ihm nur einige Nächte voll Spaß und Lust verdanken, lohnt es sich, es einmal auszuprobieren.

Vibratoren und Dildos: Das sind wahrscheinlich die verbreitetsten Sex-Utensilien. Vibratoren sind etwas Phantastisches – für Männer wie für Frauen. Halten Sie den Vibrator an Ihre Genitalien, Sie können ihn auch in die Scheide einführen oder sonst irgendeine Körperstelle damit massieren und spüren das prickelnde, entspannende Vibrieren. Vibratoren gibt es in unterschiedlichen Formen und Größen, sie werden von Batterien angetrieben.

Der hohe Intensitätsgrad eines Vibrators macht ihn zu einem wunderbaren Masturbationsinstrument, und Frauen, denen es schwerfällt, zum Orgasmus zu kommen, können mit ihm lernen, wie sie ihn erreichen. Entgegen der landläufigen Annahme kann eine Frau nicht von ihrem Vibrator abhängig werden – je mehr sie über ihre eigenen sexuellen Reaktionen Bescheid weiß, desto leichter wird sie einen Orgasmus bekommen.

Dildos sind steife, phallusförmige Gegenstände, die zur vaginalen oder analen Stimulierung benutzt werden. Die Größe hängt davon ab, für welche Körperstelle er vorgesehen ist.

Wenn Sie einen »selbstgemachten« Dildo verwenden, vergewissern Sie sich, daß er sauber ist – ganz gleich, ob es eine Gurke oder eine Karotte ist. Leere Flaschen sollten Sie immer mit einer Kappe verschließen. Die Bewegung des Hinein- und Herausgleitens kann eine starke Saugwirkung erzeugen, und Sie laufen Gefahr, die Flasche nicht ohne Schmerzen und Schaden wieder herauszubekommen.

Asia-Balls: Ein weiteres Sex-Utensil sind Asia-Balls – auch japanische Liebeskugeln genannt. Das sind zwei zusammengebundene Kugeln, die sich die Frau in die Vagina steckt. Das Aneinanderreiben der Kugeln, das bei jeder Be-

wegung der Frau erfolgt, soll erregend wirken. Die meisten Frauen verspüren einen geringeren Effekt als erhofft.
Der Penis- oder »Cock«ring: Ein Penisring – auch Prinz Albert genannt, nach dem Gemahl der Königin Viktoria von England, der einen solchen Ring zu tragen pflegte – ist ein Ring aus elastischem Material, der auf den Penisansatz gestreift wird. Wenn der Penis erigiert, staut der Ring das Blut und hält ihn dadurch länger steif. Manche Männer empfinden durch solch einen Ring größere Lust beim Orgasmus; andere finden ihn jedoch schmerzhaft.
Erotika: Erotika sind Bücher, Bilder und Filme mit sexuellem Inhalt. Viele Leute haben Spaß an einer oder allen Erotika-Formen und benutzen sie als Stimulans vor oder während dem Sex.
Filme: Mit dem Aufkommen von Pornofilmen ist es heutzutage sehr geläufig und praktisch geworden, Pornofilme auszuleihen und sie zu Hause anzuschauen. Man kann Pornofilme von der humorvollen Seite nehmen, doch der Anblick anderer, miteinander Sex treibender Menschen – ganz gleich wie gekünstelt das Ganze auch sein mag – kann stimulierend wirken.
Zeitschriften: Pornomagazine zeigen Fotos von nackten Männern und Frauen. Manche, die in einem Plastikverschluß verkauft werden, kosten mehr und zeigen verschiedene Formen des Geschlechtsverkehrs – Szenen, in denen Samenerguß gezeigt wird oder Verkehr zwischen Menschen unterschiedlicher Rasse und verschiedenen Geschlechts –, für jede Geschmacksrichtung gibt es etwas! Sind Sie nicht neugierig? Wie Pornofilme, so können solche Zeitschriften sowohl spaßig als auch stimulierend sein. Sie eignen sich besonders gut für die Selbstbefriedigung.
Manche Frauen sind verunsichert, wenn ihr Partner Pornomagazine ansieht. Aber lassen Sie sich diese Quelle des

Vergnügens nicht entgehen! Teilen Sie den Spaß mit Ihrem Partner. Blättern Sie die Zeitschrift mit ihm durch und deuten Sie auf die Bilder, die Ihnen gefallen. Sagen Sie ihm, warum – vielleicht haben Sie immer schon Sex in dieser Stellung praktizieren wollen oder würden gerne so aussehen. Benutzen Sie die Situation, um zwischen Ihnen beiden ein Gespräch entstehen zu lassen.

Bücher: Die Skala erotischer Bücher reicht von Werken, die vor Hunderten von Jahren verfaßt wurden, bis zum dürftigen Schund von heute. Bücherlesen ist – im Gegensatz zum Anschauen der Fotos – eher eine einsame Beschäftigung, doch das Aufnehmen solcher Literatur kann Ihre Kenntnisse von der erstaunlichen Mannigfaltigkeit sexueller Ausdrucksmöglichkeiten nur vertiefen. Kaufen Sie für sich und Ihren Partner erotische Bücher. Beispielsweise eignen sich Anaïs Nins erotische Werke und Tagebücher gut für den Einstieg. Nin sah Sex vom Standpunkt eines Genußmenschen aus; ihre Bücher reflektieren weibliche Sensibilität.

Mit der Videokamera filmen

Nie zuvor war Heimkino so aufregend! Kaufen oder mieten Sie eine Videokamera und dann – viel Spaß! Das Wissen, daß jede Bewegung aufgenommen wird, kann ein echter erotischer Kitzel sein. Das Ergebnis wird Sie überraschen. Sie müssen keine große Schauspielerin sein – Ihre echten Reaktionen und Empfindungen werden besser zum Ausdruck kommen, als es bei irgendeinem Film je der Fall sein könnte.

Sich selbst zu filmen ist erst der halbe Spaß. Sehen Sie den Film mit Ihrem Partner als Vorspiel für den nächsten Sexualverkehr an. Das ist hundertmal besser als jeder Pornostreifen!

Macht

Mit der Macht spielen

Der Charakter jedes Menschen weist sowohl Züge der Dominanz als auch der Unterordnung auf. Wie sich diese Elemente kombinieren, ist bei jeder Person je nach Situation und Herkunft unterschiedlich.

Die Menschheit hat sich rasant entwickelt, aber wir lassen uns immer noch von vielen der primitiven Instinkte leiten, die uns einst in einer ungleich gefährlicheren Welt das Überleben ermöglichten. Zum Schutze der Allgemeinheit versucht die Gesellschaft, die aggressiven Züge des Menschen in eine breite Skala von Aktivitäten zu kanalisieren, wie Publikumssport, Fitneßtraining, Hobbys u. a. Doch die biologischen Triebe des Menschen lassen sich nicht unterdrücken. Der Wunsch, unsere Umgebung zu beherrschen, ist in akzeptable Bahnen gelenkt worden, doch ohne adäquates Ventil findet dieser starke Wunsch oft Ausdruck in einem anderen grundlegenden Trieb – der Sexualität.

Bei einer sexuellen Begegnung kann es den höchsten Grad der Befriedigung bedeuten, wenn ein Mensch sich einem anderen völlig unterwirft oder er seinen Partner vollständig beherrscht. Das gesamte Persönlichkeitsbild eines Menschen kann sich verzerren, wenn seine unterdrückten Begierden versuchen, sich Bahn zu brechen, um die Hemmnisse, die noch aus der Kindheit herrühren, zu überwinden. Der gesündeste Weg, widersprüchliche Spannungen abzubauen, kann darin bestehen, diese Triebe vor einem vertrauenswürdigen Partner zu offenbaren und mit ihm zu erkunden.

Will man jemandem Macht über sich einräumen oder Macht über jemand anderen haben, muß man sich vorher mit dem Partner darüber verständigen. Macht an sich zu reißen ist ein einseitiger Vorgang – er entspricht einer Vergewaltigung, einem Mißbrauch. Doch wenn Sie beide die Rahmenbedingungen absprechen, können Sie auf eine reale, psychologische und befriedigende Art und Weise mit der Macht spielen. Ein Machttausch ist keine Vereinbarung auf Lebenszeit. Er besteht so lange, wie die sexuelle Begegnung dauert; dann kehren beide Teilnehmer zum Gleichgewicht zurück.

Dominieren/Sich unterwerfen

Der Partner, der die Szenerie beherrscht, gilt gewöhnlich als dominant, wohingegen der Partner, der auf die Macht verzichtet, als unterwürfig bezeichnet wird. In alternativen Arten des Sexes – wie beim Sado-Masochismus – werden oft die Begriffe »oben« und »unten« verwendet. Jede Art sexueller Interaktion weist eindeutige Formen des Dominierens oder des Unterwerfens auf. Das Spiel mit dem Machtaustausch ist nichts anderes, als daß dieser Tatbestand zwischen zwei Partnern offen zugegeben wird. Sofern Sie das akzeptieren, haben Sie und Ihr Partner freie Hand, fast alles zu versuchen – innerhalb der Grenzen, die Sie für Ihr Machtspiel abgesprochen haben.

Gesellschaftlich vorgegebene Rollen

Die gegenwärtig existierenden patriarchalischen Strukturen sind nicht mehr unangefochten, doch ihre Leitlinien sind noch immer am weiblichen Ideal der Passivität, an traditionell verlaufenden Liebesgeschichten und den mangelnden beruflichen Aufstiegschancen für Frauen erkennbar. Frauen werden dazu erzogen, sich gegenüber

Machthabenden unterwürfig zu verhalten, und haben sich ihre eigenen Wünsche lange Zeit mit eher unterschwelligen, versteckten Methoden erfüllt. Männer haben immer noch die meisten wichtigen Positionen inne, wodurch sie hohen Erwartungen und großem Druck ausgesetzt sind, worunter sie nicht selten leiden.

Frauen. Ob mit Hilfe des sexuellen Machtspiels oder indem sie ihren Partner einfach dazu bewegen, das zu tun, was sie wollen – viele Frauen betrachten die dominante Rolle als etwas, was ihnen gerechtigkeitshalber zusteht. Häufig wird das als ein Ausdruck von Macht angesehen, der von weiten Teilen der Gesellschaft geleugnet wird. Einen Mann zu dominieren ist eine starke Bestätigung: Sie haben damit die Macht, Ereignisse in Ihrem Leben so zu beherrschen, daß Sie Ihre Bedürfnisse erfüllen können. Es ist ein Zeichen von Freiheit und Herausforderung, das Unabhängigkeit und Selbstverwirklichung bekundet.

Auch hier wiederum spielt die Konditionierung eine große Rolle bei der Entwicklung der weiblichen Persönlichkeit. Frauen wird beigebracht, Liebe und Romantik mit der Aufgabe der Kontrolle über ihr eigenes Leben und mit ihrer Unterordnung unter einen Mann gleichzusetzen. Viele Frauen lernen, darauf zu warten, daß eines schönen Tages ein Ritter auf einem weißen Pferd daherkommen und sich in sie verlieben wird, daß sie mit ihm große Abenteuer und eine zärtliche Romanze erleben und dabei von ihm gehegt und beschützt werden. Selbst wenn Sie persönlich dieses Ideal durchschauen und es als unrealistisch und unmöglich verwerfen, ist es immer noch in jeder Beziehung präsent. Sie mögen wohl wissen, daß Ihr Partner alle Fehler und Unsicherheiten hat, die jeder Durchschnittsmensch nun einmal aufweist, und daß er kein »Ritter« ist … Sie werden sich dennoch bei dem Gedanken ertappen: Wenn er doch dies und jenes täte, wäre er dem Mann aus meinen Träumen viel ähnlicher.

Frauen werden solche Sehnsüchte suggeriert, doch zeigt man ihnen nicht, wie sie sie auch befriedigen können. Indem Sie mit dem Machttausch spielen, können Sie sich einem Partner – dem Sie vertrauen – hingeben und die Sehnsucht nach Schutz und Geborgenheit im Rahmen einer sexuellen Begegnung ausleben. Sie können den Machttausch auch dazu benutzen, bestimmte Neigungen Ihrer Persönlichkeit zu erkennen, die aus der typisch weiblichen Erziehung entstanden sind – Reaktionen und Manierismen, die Sie erworben haben, um die Macht über Ihr eigenes Leben an einen anderen Menschen abzugeben. Wollen Sie eine sexuelle Begegnung erleben, in der dies geschehen kann, muß ein konstruktives, überschaubares Umfeld geschaffen werden. Dann können Sie Ihre Sehnsüchte der Unterwerfung ausleben und unterbewußte Verletzungen heilen, die ansonsten Ihrem Verlangen, jeden anderen Aspekt Ihres Lebens voll zu beherrschen, im Wege stehen.

Männer. Von Männern wird erwartet, daß sie dominant, machtvoll, erfolgreich, sensibel, beschützend, fürsorglich usw. sind … Wer kann diesem Idealbild entsprechen? Wenn Männer einmal die Rolle des Unterworfenen annehmen, haben sie die Möglichkeit, ihre Verantwortung und die Verpflichtung, in einer sehr komplizierten Welt immer vernünftig handeln zu müssen, einmal abzugeben. Eine Situation, in der eine andere Person für eine Weile die vollständige Kontrolle übernimmt, kann sehr tröstlich und entspannend sein. Die meisten Männer haben nicht die Chance, dieses Bedürfnis in einer liebevollen Umgebung ausleben zu dürfen; stattdessen leiden sie unter einer beengenden Familienatmosphäre oder einem herrschsüchtigen Chef in ihrer Firma.

Manche Männer haben Gefallen daran, sich Frauen zu unterwerfen, weil sie tatsächlich glauben, daß Frauen beherrschender sind als Männer. Vielleicht ist dies ein Relikt des Bildes, das sie als Kind von ihrer eigenen Mutter hatten; sie war in der Zeit, als sie Charakter und Bewußtsein entwickelten, die mächtigste Person – und dazu eine Frau. Manche Männer erleben dieses Gefühl von Sicherheit und Geborgenheit, das sie als beschützte Kinder empfanden, wieder, wenn sie einer Partnerin, der sie vertrauen, Macht über sich einräumen.

Doch können Männer ebenso Gefallen daran finden, die Szenerie ganz zu beherrschen – wie auch Frauen es genießen können, sich ganz hinzugeben – und eben das zu tun, was die Gesellschaft uns beigebracht hat. Keine Frau wird je ganz die Macht über ihre Person an einen Mann abgeben, obwohl er gelernt hat, genau dies zu wünschen und sich ganz als Mann zu fühlen, wenn er es erreicht. Sein Ego verlangt danach, es kann mit Hilfe eines Machttausches innerhalb einer sexuellen Begegnung befriedigt werden.

Partner, die sich unterwerfen

Es ist wichtig, zu verstehen, warum ein Mensch sich wünscht, die Rolle des oder der sich Unterwerfenden anzunehmen. Ein dominanter Partner, der die psychologischen Mechanismen eines oder einer Unterwürfigen wirklich versteht, wird eher in der Lage sein, diese Bedürfnisse zu befriedigen.

Der/die sich Unterwerfende kann im Alltag gewöhnlich aggressiv sein und die unterdrückte Seite seiner/ihrer Persönlichkeit gerne einmal ausleben wollen. Für solche Leute bietet sich die submissive Rolle beim Sex geradezu an.

Er/sie kann sich sonst immer in der Rolle des Gebenden, Fürsorglichen, Helfenden befinden. Sich beim Sex zu unterwerfen kann dazu beitragen, in der Berufskarriere oder

Beziehung dagegen eine aggressivere Rolle einzunehmen. Die Rollenspiele verhelfen möglicherweise dazu, bestimmte Verhaltensweisen zu erkennen, die im wirklichen Leben hinderlich sind.
Bei anderen wiederum erfüllt das Spielen der unterwürfigen Rolle ein Bedürfnis, angenommen, akzeptiert zu werden. In einer gespielten Szene wird der sich Unterwerfende vom Dominierenden »in Besitz genommen«, wodurch der »Wert« des Unterwürfigen faktisch bekräftigt wird. Schließlich schützen und hegen Menschen im allgemeinen ihr Hab und Gut.
Auch können unterwürfige Menschen regelrecht exhibitionistische Züge an den Tag legen. Denn sie werden vom dominierenden Partner beobachtet, berührt, manipuliert und gestreichelt. Der Akt der Unterwerfung kann beim narzißtisch Veranlagten höchste Lustgefühle auslösen.
Ein anderes Element bei diesem Erlebnis ist der Wunsch, die Grenzen der sexuellen Erfahrung zu überschreiten und einmal nur das zu tun, was einem befohlen wird. Durch sein Erdulden beweist der Unterwürfige seine Willenskraft.

Partner, die dominieren

Es ist verführerisch, einen anderen Menschen zu beherrschen, wenn auch nur für eine kurze Zeit. Dominierende Menschen können ein selbstherrliches Vergnügen daran finden, die Reaktionen des Unterworfenen zu beobachten, da sie wissen, daß sie sie auslösen.
Manche Dominierenden genießen es, Besitz von dem Unterwürfigen zu nehmen und ihn – zur eigenen Erfüllung – wie einen Schatz zu behandeln. Auch hat der Dominante freie Hand, den Körper des Unterworfenen nach Lust und Laune zu berühren oder zu manipulieren.
Viele dominante Menschen sind von Natur aus aggressiv. Vielleicht üben sie in vielen Bereichen ihres Lebens Macht

aus, oder sie täten es zwar gern, werden aber daran gehindert. Diese Menschen werden Spaß daran haben, auf sexuellem Gebiet zu dominieren.
Andere Dominante wiederum sind zutiefst unsicher und suchen nach Bestätigung dafür, daß sie Macht besitzen – selbst wenn es »nur« bei einer sexuellen Begegnung ist. Gewöhnlich vermeidet es ein Mensch dieses Typs, auch einmal die Rolle des Unterworfenen zu spielen, denn sie würde seine Unsicherheiten offenbaren.

Das Code-Wort

Wenn Sie an einem Szenario teilnehmen, in dem dominierendes und unterwerfendes Verhalten ausgelebt wird, ist es für die gemeinsame Sinnlichkeit unerläßlich, daß der unterworfene Partner mittels eines zuvor abgesprochenen Zeichens die Szene beenden kann. Wenn es um eine ausgelebte Phantasie oder um Rollenspiele geht, wird der Unterwürfige häufig den Wunsch haben, »nein« oder »halt« zu sagen, und so heftig wie möglich agieren und strampeln – ohne wirklich zu wollen, daß die Szene beendet wird. Doch wenn der Unterworfene tatsächlich leidet – sei es, daß er Schmerzen hat oder seelisch überfordert ist –, muß er ein Code-Wort sagen dürfen, das eigens dafür da ist, die Szenerie sofort zu beenden.
Für jeden Menschen gibt es gewisse Arten der Unterwerfung, die unangenehm oder nicht erregend sind oder wirklich wehtun. Wenn der Unterworfene etwas ganz Bestimmtes keinesfalls erdulden will, dann käme es einem tätlichen Übergriff gleich – und wäre gegen die Absprache –, es ihm dennoch zuzumuten; es wäre dann so etwas, wie eine Frau zu schlagen oder ein Kind zu mißbrauchen. Das Code-Wort ist also der Schlüssel dafür, dieses Domina-Spiel in der Sphäre gegenseitiger Zustimmung zu belassen.

Der Gebrauch des Code-Wortes ist keine Kapitulation des Unterworfenen. Eines der Hauptvergnügen, die von derartigen Szenen ausgehen, ist ja, daß sie auf freiwilliger Unterwerfung beruhen, wobei der sich unterwerfende Partner großen Spaß daran hat, zu kapitulieren. Das muß nicht das Ende der Szene bedeuten, doch die Verwendung des Code-Wortes beendet sie unweigerlich.

Manche Dominanten behaupten, dies lege die letztendliche Beherrschung der Szene in die Hände des Unterworfenen. Das stimmt, auch ohne das Code-Wort.

Menschen, die es einmal als sehr negativ erlebten, daß sie sich einem anderen unterwarfen, sollten nie wieder zulassen, in eine hilflose Lage zu geraten. Denn *das* ist die letztendliche Beherrschung: Leute, die sich unterwerfen, *erlauben* anderen, zu dominieren. Verantwortungsbewußte Dominante agieren nur mit Zustimmung ihres Partners. Ein Code-Wort stellt sicher, daß beide Teilnehmer gleichberechtigt bleiben, ganz gleich, was sich in der Szene abspielt.

Eine letzte Anregung: Wählen Sie ein Code-Wort, das einzigartig klingt, damit es nicht mit etwas anderem verwechselt werden kann. Und nehmen Sie eines, das Ihnen gefällt, dann können Sie dabei bleiben. So werden Sie und Ihr Partner nicht vergessen, wie es lautet.

Eine Szene arrangieren

Es ist wirklich nicht schwer, eine Szene zu arrangieren. Es ist ein Spiel – und wie bei jedem Spiel steckt man durch Absprache der Regeln den Rahmen ab. Ein Code-Wort ist dabei ebenso nötig wie ein Einverständnis darüber, welche Art der Interaktion der sich Unterwerfende

will und was er vor allem *nicht* will. Indem Sie Ihre Lieblingsphantasien besprechen, bekommmen Sie am besten eine Vorstellung von Ihren wahren Wünschen.
Die ideale Atmosphäre ist komfortabel und entspannt. Gewöhnlich hängt sie vom Maß des Vertrauens ab, das die beiden Partner ineinander haben. Je vertrauter, desto stärker wird die Erregung für alle sein, die dabei beteiligt sind.
Sprechen Sie also ein Code-Wort ab und sorgen Sie dafür, daß Sie nicht abgelenkt werden. Danach überlassen Sie es Ihrer Phantasie, auf welche Weise Sie dominant auftreten wollen.

Wie dominieren Sie?

Das Wichtigste, das Sie sich klarmachen müssen, wenn es darum geht, jemanden zu dominieren, ist, daß Sie die Situation beherrschen. Sie können Ihre eigenen Unsicherheiten, Ihre Probleme, Ihre Sorgen einmal links liegenlassen. Für diese Zeitspanne wird sich die Szene nur nach Ihren Wünschen abspielen. Sie haben die Freiheit, alles zu tun, bis die Szene beendet ist – entweder auf Ihren eigenen Wunsch oder weil der Unterworfene das Code-Wort gesagt hat.
Dieses Wissen, daß Sie die vollständige Kontrolle haben, wird Ihnen das Selbstvertrauen und die Haltung geben, die den Unterworfenen stimulieren. Wenn in der Szene ganz bestimmte Phantasien dargestellt werden, dann sprechen Sie Ihre Rolle, verkörpern Sie sie, stellen Sie dar, was Sie sein wollen. Wenn es in der Szenerie nur um Stimulierung und Beherrschung geht, dann tun Sie die Dinge, die Sie erregen. Tun Sie Dinge, die eine Reaktion hervorrufen, die Sie genießen. Die Szene gehört Ihnen, und Ihr unterwürfiger Partner wird diesen psychologischen Faktor mehr schätzen als jede Handlung, die Sie ausführen.

Spielen Sie mit allen Sinnen!

Das erotische Erlebnis ist sinnlich, also spielen Sie mit Ihren Sinnen: dem Hör-, Seh-, Riech-, Tast- und Geschmackssinn. Das Kombinieren und Erregen verschiedener Empfindungen von unterschiedlicher Intensität wird verhindern, daß die Interaktion vorhersehbar oder zu routiniert wird.

Jemandem, der sich unterwirft, können auch die Augen verbunden werden; man kann ihn auch in einer bestimmten Position oder einem bestimmten Ort sitzen oder stehen lassen. Der Mund kann geknebelt, die Hände gefesselt werden, der Körper darf manipuliert, lustvoll berührt, oder durch Kitzeln oder Schmerz stimuliert werden. Die Möglichkeiten sind unbegrenzt; das macht die Sache auch zu einer so starken, bleibenden Quelle der Lust.

Wie bei jeder alternativen Form der sexuellen Interaktion werden diese Anregungen mehr genossen, wenn die ganze Angelegenheit zuvor zwischen den Partnern abgesprochen wurde, auch rein abstrakt. Phantasien, Tagträume, Szenen aus Filmen und Büchern können verwendet werden, um festzulegen, welche Elemente Sie und Ihren Partner am stärksten erregen.

Fesseln

Schals, Krawatten, Gürtel, Stricke, Ledermanschetten … Fesseln können Beherrschung und Unterwerfung wunderbar zum Ausdruck bringen. Es ist für einen Menschen ein symbolischer Akt der vollkommenen Unterwerfung, wenn er sich von einer anderen Person binden läßt.

Der schwierigste Aspekt von Fesselszenen ist das Element Furcht. Wenn der sich unterwerfende Partner die Vorstellung, eingeschüchtert zu werden, nicht mag, kann sein sexueller Genuß durch das Gefühl, tatsächlich bedroht zu

sein, vollkommen verlorengehen. Es gibt natürlich Unterwürfige, die ein intensives Lustgefühl aus dieser Furcht ziehen; für sie gilt: je größer die Angst, um so besser.
Manche Menschen mögen die Ästhetik des Fesselns – die Art, in der Stricke oder Stoffstreifen oder Leder die Haut bedecken und dabei gewisse Körperteile herausstellen und andere wiederum kaschieren. Andere schätzen die Unbeweglichkeit, die das Gefesseltsein mit sich bringt. Wo immer die Vorlieben sein mögen – es gibt Hunderte von Möglichkeiten, Ihren Partner zu fesseln.

Exhibitionismus/Voyeurismus

Sehen und gesehen werden: Beide Partner empfinden bei beiden Aspekten ein gewisses Vergnügen. Bewundert zu werden ist ein wunderbares Gefühl, und es ist ebenso toll, Ihren Partner spärlich bekleidet oder nackt im Haus herumlaufen zu sehen.
Männer werden dazu erzogen, sich eher durch visuelle Eindrücke erregen zu lassen, und hier können Sie das ausnutzen. Kultivieren Sie Ihre exhibitionistischen Neigungen! Verstecken Sie Ihren Körper nicht – genießen Sie ihn, teilen Sie ihn mit Ihrem Partner, lassen Sie ihn von ihm bewundern. Sicher, welche Frau würde nicht gerne ein paar Pfund mehr oder weniger haben? Wenn Sie sich über Ihre physischen Mängel beklagen und Ihren Körper verstecken, weil er nicht vollkommen ist, nehmen Sie Ihrem Partner einen großen Teil seines sexuellen Vergnügens.
Lassen Sie auch die exhibitionistischen Neigungen Ihres Partners gelten. So wie Sie Ihren eigenen Körper mit ihm teilen, haben Sie an seinem teil. Wenn Sie einen Mann dominieren und dabei den Wunsch haben, er möge jeden Teil seines Körpers zur Schau stellen, dann sagen Sie es ihm.

Rasieren

Der Akt, den Körper zu rasieren, kann sehr sinnlich sein. Nehmen Sie dazu Wasser und Seife oder Rasiercreme. Es ist ein tolles Gefühl, wenn das Rasiermesser mühelos über die Haut gleitet. Und sobald es geschehen ist, sieht der rasierte Körperteil völlig anders aus.

Die Menschen sind daran gewöhnt, an manchen Körperstellen – wie dem Intimbereich – Haare zu sehen, und das Abrasieren kann für die Augen ein angenehmer erotischer Schock sein. Manche Leute fühlen sich durch genitale Rasur an Unschuld und Jugend erinnert, was beim Dominanten Beschützerinstinkt und beim Unterworfenen ein Gefühl der Verletzbarkeit hervorruft.

Haben Sie sich einmal rasiert, bleibt das für eine Weile auch so. Inwiefern eine Reizung auftritt, wenn die Stoppeln wachsen, hängt von der Empfindlichkeit der Stelle ab, die rasiert wurde. Aber als Dominierende haben Sie es vielleicht ganz gern, wenn Ihr unterworfener Partner für ein Weilchen ein Merkmal trägt, das an die vergangene Szene erinnert.

Transvestismus

Die meisten Frauen sind fasziniert von der weiblichen Seite im Mann und haben irgendwann einmal versucht, ihren Freund zu schminken oder ihm ein Kleid anzuhalten, um die Wirkung zu sehen.

Manchen Männern fällt es schwer, diesen Wunsch zu äußern, denn er verstößt so offen gegen anerzogene Tabus, wonach Männer und Frauen verschieden sind und sich auch unterschiedlich kleiden sollten. Aber genau darum handelt es sich – um gesellschaftliche Normen. Für manche Männer hat es eine symbolische Bedeutung, Frauenkleider zu tragen: Sie lassen damit Gefühle und Empfindungen zu, die traditionell allein den Frauen vorbehalten sind. Mit dem Tragen von Frauenkleidern bekundet Ihr Partner, daß er Frauen achtet – denn die aufrichtigste Form der Schmeichelei ist schlußendlich die Nachahmung.

Urinieren

Manche Menschen erregt es, wenn sie ihren Partner urinieren sehen oder wenn ihnen ihr Partner beim Urinieren zusieht. Viele Frauen beobachten einfach gern, wie Männer urinieren; es ist dieselbe Neugierde, mit der sie sich im allgemeinen gerne anschauen, wie der männliche Penis funktioniert.

Für Frauen ist das Urinieren etwas sehr Privates, und es kann ein intensives Gefühl von Vertrautheit manifestieren, wenn Sie Ihren Partner dabei zusehen lassen.

Fetische

Ein Fetisch ist ein Symbol für Sexualität. Das kann ein Körperteil sein – die Brüste, der Penis oder ein Fuß. Es kann auch ein Kleidungsstück sein, ein Schuh oder Handschuh. Manche Leute schreiben dem Symbol ein Reihe Bedeutungen zu. Oft ranken sich Phantasien um das Symbol, und die können bei einer sexuellen Begegnung die Lust erheblich steigern.

SM

Gegen SM besteht in der Gesellschaft im allgemeinen ein ziemlich starkes Vorurteil, hauptsächlich aus Mangel an korrekter Information darüber. Doch gibt es einen wachsenden Trend – das geht von Popstars, die sich dazu bekennen, bis hin zur öffentlichen Berichterstattung –, der

diesen Bereich der Sexualität zur allgemeinen Diskussion stellt und ihn erforscht.
Häufig hört man, nur seelisch gestörte Menschen nähmen an SM-Aktivitäten teil. Dieselben Stimmen meinen, daß wir nicht noch mehr Gewalt und Feindseligkeit in unserer Welt brauchen. Doch SM hat auch etwas mit Sensibilität, Sinnlichkeit sowie dem Erkunden und dem Verstehen eigener Motivationen und Wünsche zu tun. Und wie kann das negativ sein?
Wie jedes andere sexuelle Erlebnis ist SM eine sinnliche Erfahrung. Normalerweise ist es einfach intensiver als herkömmlicher Sex. Das könnte an der Intensität der Empfindungen liegen, in die alle Teile des Körpers mit einbezogen werden; oder auch an der direkten Stimulierung der Gefühle durch Phantasien oder Rollenspiele. Zusätzlich muß in einer SM-Beziehung ein höheres Maß an Vertrauen bestehen als in jeder anderen Art der Beziehung.

Was ist SM?

Lassen Sie uns zuerst den Begriff »SM« definieren. Die Buchstaben »SM« stehen für Sadismus und Masochismus. Ein Mensch ist sadistisch veranlagt, wenn er es genießt, einem anderen seelische oder körperliche Schmerzen zuzufügen. Oft empfindet ein Sadist dies als eine Art sexueller Erlösung oder Befriedigung. Masochismus ist das Gegenteil – die Neigung, sexuelle Befriedigung zu erlangen, indem man sich körperlicher Gewalt oder Erniedrigung aussetzt. Doch bei den Leuten, die SM praktizieren, bedeutet der Begriff heute eine ganze Reihe verschiedener Dinge.
Einfach ausgedrückt, die genaue Definition von SM wird der wirklichen Erfahrung nicht gerecht. Sicher kann SM

das Verursachen und Erleiden von Schmerzen – seien sie körperlicher oder seelischer Art – mit einbeziehen, doch häufig enthält eine Szene Folgendes:

1. die Interaktion zwischen einem dominanten und einem sich unterwerfenden Partner,
2. das Ausleben von Phantasien und Rollenspiele,
3. das Agieren mit Fetischen.

Es ist bemerkenswert, daß für viele Menschen, die an SM-Aktivitäten teilnehmen, Sex nicht notgedrungen zur Szenerie gehört. Doch auch wenn keiner der Partner zum Höhepunkt kommt, empfinden beide intensive Befriedigung durch die Sättigung ursprünglicherer, unterdrückter Triebe. Dadurch gehört SM im Zeitalter von Aids in die Kategorie des »Safer Sex«. Doch sind auch Masturbation, Oralsex oder Geschlechtsverkehr oft Bestandteile einer SM-Szene – oder folgen unmittelbar darauf –, wodurch dann einer oder beide Partner zum Orgasmus kommen.

Ebenso interessant ist die Feststellung, daß viele Leute, die sich zu SM bekennen, während ihrer Akte weder Alkohol trinken noch Drogen nehmen. Sie haben kein Bedürfnis, Spannung abzubauen oder die Wirklichkeit zu verschleiern – sie haben beschlossen, durch Rollenspiele aus der Wirklichkeit auszubrechen.

Wohl mag SM in unserer Gesellschaft keine normale Art des sexuellen Auslebens sein, aber das heißt nicht, daß man solche Aktivitäten pauschal meiden sollte.

Manche Menschen sind einfach nicht interessiert oder fasziniert von dem Gedanken an SM. Aber für jene, die sich von SM-Phantasien erregt fühlen oder insgeheim darauf neugierig sind, könnte SM eine zusätzliche aufregende Bereicherung ihres Sexuallebens bedeuten.

Schmerz

Manche Menschen finden, daß Schmerz ihre sexuelle Lust steigert. Ob Fingernägel über die Haut gezogen werden oder die Partner sich liebevoll beißen oder sich absichtlich Schmerzen zufügen – wenn es beiden Partnern Vergnügen bereitet, gibt es keinen Grund, sich zurückzuhalten.

Nicht alle Masochisten wurden als Kinder mißhandelt. Eher ist sogar das Gegenteil der Fall – viele wurden nie geschlagen; doch hörten sie von den körperlichen Strafen, die ihre Freunde erhielten, und assoziierten die Intensität der elterlichen Handlungsweise mit Sicherheit und Orientierungshilfe von seiten einer allmächtigen Autoritätsgestalt. Sadisten dagegen erleben oft die Macht, Schmerz zuzufügen, als die höchstmögliche Stufe der Beherrschung eines anderen Menschen.

Doch empfinden Menschen oft allein schon durch das Phantasieren über Schmerz mehr Befriedigung als aufgrund des faktischen Zufügens oder Erleidens von Schmerzen. Das ist natürlich so, weil der menschliche Instinkt uns sagt, daß wir Schmerz vermeiden sollen.

Wenn Schmerz zugefügt wird, werden im Gehirn natürliche chemische Eiweißstoffe freigesetzt, die Endorphine. Diese chemischen Substanzen werden in der Hirnanhangdrüse und an anderen Körperstellen erzeugt. Endorphine haben eine ähnliche Wirkung wie Morphin, sie stillen Schmerz und erzeugen eine gewisse Euphorie.

Angestrebt wird, daß sich der Betreffende unter dem Schmerz entspannt, um diesen euphorischen Zustand zu erreichen. Kontrolliertes, rhythmisches Atmen in Verbindung mit gleichmäßiger, wiederholter Schmerzanwendung, die stetig intensiver wird, löst diese euphorisierende Wirkung aus.

Auspeitschen

Peitschen, Gürtel, Riemen, Rohrstöcke ...
Wichtig ist, langsam und sinnlich zu beginnen und die Schläge dann zu intensivieren. Durch das Schlagen kann der ganze Körper stimuliert werden; vermeiden Sie jedoch die untere Rückenpartie, wo die Nieren liegen, ebenso wie die empfindlichen Gelenke. Lassen Sie auch nicht zu, daß sich das Instrument um die Seiten des Körpers und um Arme und Beine wickelt. Das kann sehr viel mehr weh tun und hinterläßt außerdem Male auf der Haut.
Viele Peitschen sind aus weichen, geschmeidigen Lederstreifen, und wenn sie vorsichtig angewendet werden, verursachen sie nicht Schmerz, sondern einen streichelnden Genuß.

»Streng erziehen«

Beim »Streng erziehen« ist der zugefügte Schmerz oft nicht so ausschlaggebend wie die Gefühle der Erniedrigung bzw. der Macht, die in beiden Partnern geweckt werden. Auch hier gilt – wenn Sie einen Handschuh tragen oder einen Tischtennisschläger benutzen, können Intensität und Anzahl der Schläge den Schmerz verstärken, in dem Maß wie die Haut sich rötet und verletzt wird.
»Erzieher« denken sich manchmal ein Ritual aus, bei dem das »Fehlverhalten« des Unterworfenen eine Entschuldigung für die Bestrafung liefert.

Heißes Wachs

Wenn heißes Wachs auf die bloße Haut fällt, ruft es einen kurzen, heißen Schmerz hervor. Beim Kontakt mit der Haut beginnt das Wachs sofort kalt und hart zu werden. Sie können den Wärmegrad verändern, indem Sie die Kerze heben oder senken, wenn Sie das Wachs abtropfen

lassen. Es kann ein ebenso erotisches Erlebnis sein, das Wachs hinterher zu entfernen.
Kerzen aus Bienenwachs verursachen Brandwunden, da sie die Hitze länger speichern, doch gewöhnliche Haushaltskerzen enthalten kein richtiges Bienenwachs und verbrennen die Haut damit nicht.

SM-Phantasien

SM wird von den Betreffenden meistens als eine Art sexueller Phantasie genossen. Viele Leute, die nicht die Rolle des Unterwürfigen spielen möchten, können intensive Befriedigung erfahren, wenn sie eine solche Rolle in ihrer Phantasie übernehmen. Einige hält Scheu oder ein Schuldgefühl davon ab, ihre SM-Neigungen auszuleben, dann sind ihre Phantasien das einzige Ventil, das sie sich zugestehen. Andere, die in ihre sexuellen Begegnungen SM-Aktivitäten einfließen lassen, gehen in ihren Phantasien viel weiter als beim faktischen Ausagieren.
SM-Phantasien reichen oft weit in die gefährliche Zone hinein, wodurch ein Ausleben unmöglich gemacht wird. Sicher, nicht zu ausgefallen und alles nur auf gegenseitige Zustimmung! – das sollte die Leitlinie jeder SM-Aktivität sein. Wenn Sie von Praktiken phantasieren, die jemanden dauerhaft schädigen können, dann dürfen Sie diese Phantasie nicht ausleben. Wenn in Ihrer Phantasie etwas vorkommt, das nicht abgesprochen wurde – wie eine Vergewaltigung oder sonst ein Mißbrauch –, dann kann es nur ausagiert werden, wenn mit dem Partner darüber diskutiert wurde und er willens ist, die Rolle im Spiel zu übernehmen.

Wie schlagen Sie es Ihrem Partner vor?

Die unmittelbare Antwort Ihres Partners auf Ihren Vorschlag, SM zu probieren, kann äußerst signifikant sein.

Die Leute sagen gewöhnlich Sätze wie: »Ich glaube, ich könnte nicht zulassen, daß jemand so etwas mit mir macht«, oder »Ich könnte meinem Partner so etwas nie antun«. Normalerweise protestieren sie gegen eine Rolle, die sie insgeheim gerne spielen würden.
Wie haben *Sie* reagiert, als Sie begannen, dieses Kapitel zu lesen?

Einen SM-Partner finden

Frauen, die gern einmal Domina spielen möchten, können das ziemlich problemlos tun. Es ist nicht besonders schwierig, einen Liebesakt mit Ihrem Partner so zu lenken, daß Sie dominieren. Sprechen Sie mit Ihrem Partner und finden sie heraus, welche Phantasien er hat; dann sagen Sie ihm, er solle sich einfach hinlegen und entspannen.
Aber eine Frau, die ihre unterwürfigen Seiten ausleben möchte, muß vorsichtig sein. Für solche Frauen sind SM-Clubs der sicherste Weg, SM auszuprobieren. Auf diese Weise können Sie dominante Männer treffen – aber unter Rahmenbedingungen, in denen klare Grenzen gesetzt wurden. Sehen Sie einmal zu, wenn ein Mann eine Frau dominiert, dann entscheiden Sie, ob Sie diese Art Behandlung genießen könnten. Fragen Sie den Mann, was ihm am Dominieren von Frauen gefällt. Sie wollen einen Mann, der Ihnen viel Liebe gibt – nicht jemanden, der sein Ego stärken möchte, indem er Sie herabwürdigt. SM soll vor allem eine sinnliche, lustvolle Interaktion sein, die Sie psychisch wie körperlich befriedigt.

Spezielles: Fragen und Antworten

Ein Mann mit masochistischen Neigungen

Frage: Ich ging bereits seit sieben Monaten mit einem Mann aus, als wir beschlossen, miteinander zu schlafen. Er ist dreißig und hat ungefähr ein Jahr zuvor vier Monate lang mit einer älteren Frau gelebt. Ich bin achtundzwanzig, und es war meine erste Beziehung. Auch hatte ich zum ersten Mal Sex. Das Problem ist: Die ersten beiden Male, wo wir versuchten, miteinander zu schlafen, konnte er keine Erektion bekommen, und ich mußte ihn mit der Hand stimulieren. Ich dachte mir nichts weiter dabei, weil ich schon oft gehört habe, daß Männer zuweilen nicht imstande sind zu erigieren. Doch nach dieser Nacht verhielt er sich distanzierter. Nach einem Monat trafen wir uns, und er teilte mir mit, er glaube, er sei homosexuell, und diese Nacht wäre der Beweis dafür gewesen.

Er scheint ziemlich durcheinander zu sein; wir sind immer noch gute Freunde. Ich schlug ihm vor, jemanden um Rat zu fragen, um die Sachlage zu klären. Er glaubt, das hätte keinen Sinn, obwohl er sich immer noch sehr von mir angezogen fühlt und kaum nein sagen kann, wenn ich in der Nähe bin. Ich mag ihn sehr gern und möchte ihm helfen. Was kann ich tun?

Antwort: Sie hatten recht – es ist nichts dabei, einem Mann durch manuelle Stimulierung eine Erektion zu verschaffen. Manche Männer ziehen das sogar vor. Auch haben Sie recht, wenn Sie der Meinung sind, daß in diesem Falle nur ein paar Dinge geklärt werden müssen.

Erstens: Sie sagen, »er kann nicht nein sagen«, wenn Sie bei ihm sind. Zweitens: Es war erforderlich, daß Sie ihn direkt stimulierten. Drittens: Er lebte mit einer älteren Frau zusammen. Ich habe den Eindruck, daß Ihr Freund auf sexuellem Gebiet ein unterwürfiger Mann ist. Es gefällt ihm, wenn seine Partnerin dominiert. Vielleicht denkt er, er sei homosexuell, weil er sich von der Kraft und Aggressivität der Männer angezogen fühlt, nicht aber von ihren Körpern. Mir scheint, Sie haben ein fürsorgliches Wesen – vielleicht sind Sie auch ein wenig beherrschend. Haben Sie Vertrauen, Sie können diese Beziehung in die gewünschte Richtung lenken. Ergreifen Sie auf sexuellem Gebiet die Initiative. Warten Sie nicht darauf, daß er sich dazu entschließt oder den ersten Schritt macht. Sie sagten, er hält nun Distanz – vielleicht möchte er nur, daß Sie handeln. Daß Sie noch unerfahren sind, bedeutet nicht, daß Sie unfähig wären, Ihre Phantasie und Intelligenz einzusetzen und Ihre Sexualität gemeinsam zu entdecken.

Den ersten Schritt machen

Frage: Vergangenes Wochenende bin ich auf einer Party einem Mann begegnet. Wir verstanden uns gut, doch sprachen wir nur kurze Zeit zusammen. Ich mochte ihn, und ich glaube, er mochte mich auch, aber ich nehme an, daß ich mich etwas reserviert verhalten habe, denn er fragte mich nicht nach meiner Telefonnummer. Da er der Cousin einer meiner Freunde ist, könnte ich seine Nummer bekommen. Würde es aufdringlich wirken, wenn ich ihn anriefe? Oder sollte ich meine Freundin bitten, ihm meine Nummer zu geben?

Antwort: Beide Möglichkeiten kommen in Frage, aber da Sie sich für ihn interessieren, wäre es wohl das Beste, Sie riefen ihn an. Zu oft warten Frauen nur darauf, daß jemand sie um eine Verabredung bittet, oder auch nur, daß ihr Freund sie anruft. Sagen Sie Ihrer Freundin, Sie wollten seine Nummer, und bitten Sie sie, ihn anzurufen und ihm zu sagen, daß sie Ihnen die Nummer gegeben hat. Höchstwahrscheinlich wird er damit einverstanden sein, dann können Sie ihn anrufen. Je weniger Ihre Freundin Vermittlerin spielen muß, desto besser.

Wie bekomme ich Zärtlichkeit?

Frage: Ich möchte gern mit meinem Freund schmusen, aber er scheint es als selbstverständlich zu betrachten, daß ich, jedesmal wenn ich mich an ihn schmiege, mit ihm schlafen möchte. Manchmal tu ich's dann und manchmal nicht. Es dauert nie länger als ein paar Sekunden, ehe er meine Hemdbluse hochzieht, nach meinen Brüsten faßt und beginnt, schwer zu atmen. Wie bekomme ich Zärtlichkeit, ohne jedesmal mit ihm zu schlafen?

Antwort: Schlagen Sie vor, daß Sie beide ein Spiel spielen. Einer – ergreifen Sie die Initiative! – berührt den Körper des Partners, während der die Bewegungen »widerspiegelt«. Doch dürfen Sie keinen Geschlechtsverkehr haben. Auf diese Weise können Sie ihn dazu veranlassen, das zu tun, was Sie wollen – ohne tatsächlich Sex zu haben. Sagen Sie ihm zu Anfang, daß er nicht aus seiner »Spiegel«-Rolle ausbrechen darf, ansonsten ist das Spiel unterbrochen. Dann machen Sie sich ans Werk. Nehmen Sie sich Zeit, streicheln Sie sein Gesicht und den Hals, gleiten Sie mit den Fingern durch sein Haar, küssen Sie ihn und schauen Sie ihm tief in die Augen. Wenn Sie wollen, können Sie auch beide daliegen und sich nach Herzenslust umarmen. Doch lassen Sie nicht zu, daß aus dem Schmusen Sex wird, bis Sie befriedigt sind; danach sollten Sie – falls Sie in der Stimmung sind – unbedingt verkünden, daß das Spiel beendet ist, und sich amüsieren.

Auch sollten Sie sich selbst den Gefallen erweisen und Ihrem Freund später sagen, wie sehr Sie das Schmusen genossen haben. Sagen Sie ihm, daß Sie's gerne irgendwann wieder tun würden. Wenn er die Andeutung nicht versteht, dann spielen Sie das Spiel eben noch einmal. Lassen Sie auch ihn einmal die Initiative ergreifen. Manchmal macht man jemandem etwas am schnellsten begreiflich, indem man ihm ermöglicht, selbst aktiv zu werden. Auf die eine oder andere Art werden Sie jedenfalls eine Menge Streicheleinheiten bekommen!

Scheidungskater

Frage: Ich habe einen Arbeitskollegen, der sich vor einigen Monaten von seiner Frau scheiden ließ. Wir sind befreundet und reden miteinander, aber ich würde gerne mit ihm ausgehen und eine Beziehung beginnen. Wie lange wird ein Mann wohl brauchen, bis er nach seiner Scheidung wieder Lust auf Sex hat? Und wie bringe ich ihn dazu, mich zu begehren?

Antwort: Er mag Sie, aber er hat keine Anstalten gemacht, Sie zum Abendessen einzuladen? Haben Sie ihn denn dazu eingeladen? Vertiefen Sie die Freundschaft, die Sie mit dem Mann aufgebaut haben. Sprechen Sie mit ihm darüber, wie er sich fühlt.

Es gibt keine »Durchschnittszeit«, die jemand benötigt, um über eine Scheidung hinwegzukommen. Wenn Ihr Freund auch weiterhin keinen Schritt auf Sie zu macht, dann ist es an Ihnen, ihm zu sagen, daß er Sie sexuell anzieht. Schließlich wollen Sie nicht ewig warten.

Ich will vor seinen Augen keinen Orgasmus bekommen

Frage: Mein Freund gibt mir gern Oralsex. Wenn ich ihm freie Hand lasse, vermittelt es mir ein gutes Gefühl, aber gewöhnlich macht es mir Lust auf Geschlechtsverkehr mit ihm. Aber er will immer weitermachen, bis ich komme. Er hat mich stets dazu gedrängt, so daß ich jetzt überhaupt nicht mehr will, daß er es tut. Wie kann ich ihm das sagen?

Antwort: Es ist wichtiger herauszufinden, warum Sie dieses Gefühl haben, als Grenzen zu setzen; denn die halten Sie nur davon ab, zu entdecken, was Sie daran hindert, diesen Bestandteil Ihres sexuellen Erlebens zusammen zu genießen. Sind Sie erst seit kurzem mit Ihrem Freund zusammen? Vielleicht sind Sie noch emotional verunsichert oder wissen nicht genau, welche Gefühle er für Sie hegt. Möglicherweise haben Sie Angst davor, Ihrem Freund zuviel Macht über Sie einzuräumen, indem Sie die Beherrschung verlieren und die Dinge offenbaren, die Sie in Wahrheit ersehnen. Vielleicht sind Ihnen auch seine Gründe suspekt, warum er Ihnen oralen Sex geben möchte. Es ist nicht ausgeschlossen, daß Sie sich wohler in Ihrer Haut fühlen, wenn Sie die Gebende statt die Nehmende sind.

Darum: Fragen Sie ihn. Fordern Sie ihn auf, einmal in allen Details auszumalen, wie er einer Frau Oralsex gibt. Fragen Sie ihn, was er beim Beschreiben fühlt. Seine Motivation sollte dabei eigentlich klar zum Ausdruck kommen. Wenn es Sie erleichtert, können Sie ja eine Weile oralen Sex aus dem Liebesspiel ausklammern. Auf diese Weise haben Sie das Gefühl, daß beide Partner denselben Anteil an der Macht haben.

Beim Sex reden

Frage: Haben Männer es gern, wenn man während dem Sex mit ihnen spricht? Mir scheint, daß es immer, wenn ich es tue, die Stimmung verdirbt. Und wie steht es mit aufreizenden, frivolen Ausdrücken?

Antwort: Es kann Ihren Partner scharf machen, wenn Sie ihm ins Ohr flüstern. Aber gebrauchen Sie bei einem so intimen Akt keine zotigen Ausdrücke, wenn sie auch sonst nicht zu seinem Vokabular gehören. Menschen, die nicht fluchen, reagieren empfindlich darauf.

Doch teilen Sie ihm mit, wie gut es ist, sagen Sie immer wieder seinen Namen und halten Sie ekstatische Schreie keinesfalls zurück, wenn Ihnen danach ist. Vielleicht denken Sie zuviel darüber nach, anstatt im gegebenen Moment die Worte kommen zu lassen.

Entspannen Sie sich, und die Worte – so wie das Stöhnen und die Lustschreie – werden ganz natürlich kommen. Was auch immer Sie tun, versuchen Sie bloß nicht, vollkommen still zu sein. Denn dies würde bedeuten, daß Sie sich um eine der wundervollsten Empfindungen beim Sex brächten. Wenn Sie Ihren Gefühlen freien Lauf lassen, kann das Ihrer beider Erregung mehr steigern als jede andere Wundertechnik, die Sie vielleicht irgendwo auflesen.

Wenn der Sex zur Routine wird

Frage: Meine Freundin und ich sind seit acht Monaten zusammen. Zuerst waren unsere Liebesspiele wirklich aufregend, doch dann sind wir in eine Art Routine gefallen. Ich liebe sie immer noch, aber sie zieht sich zurück und scheint sich körperlich nicht mehr von mir angezogen zu fühlen. Ist das meine Schuld? Was sollte ich tun, damit sie sich weiterhin sexuell für mich interessiert?

Antwort: Ihr Sexualleben ist zur Routine geworden, weil Sie nicht gemeinsam daran arbeiten, es aufregend zu halten. Die einzige Möglichkeit, wie Sie mit jemandem arbeiten können – sei es nun in einer geschäftlichen oder sexuellen Beziehung –, besteht darin, die Details zu besprechen. Es mag Ihnen schwierig erscheinen, darüber zu reden, aber da gibt es einen Trick. Wenn Sie anfangen, über *Ihre* eigene Sexualität zu sprechen – beispielsweise über Ihre Befürchtung, sie könne sich nicht mehr von Ihnen angezogen fühlen, und darüber, was das für Sie bedeutet –, ohne sich dabei anschuldigend oder defensiv zu verhalten, eröffnen Sie damit einen Dialog. Es ist gut, Fragen zu stellen, aber in diesem Fall kommt es mir so vor, als sprächen Sie beide nicht gerade viel über Ihre Sexualität; zu Anfang einer solchen Diskussion ist es der Atmosphäre oft zuträglicher, etwas von sich selbst preiszugeben, als die Partnerin über ihre Gefühle zu befragen. Wenn Sie beginnen, sich mitzuteilen, garantiere ich Ihnen, daß sie bald Ihrem Beispiel folgen wird. Dann können Sie wirklich herausfinden, was Ihre Freundin von der Beziehung erwartet und wie Sie beide bekommen können, was Sie wollen.

Gewalttätigkeit

Frage: Meine vierjährige Tochter und ich zogen vor zwei Jahren zu einem Mann. Seine Frau hatte ihn knapp ein Jahr zuvor verlassen und die beiden Töchter mitgenommen. Ich liebe den Mann, und ich weiß, daß er unter Schwierigkeiten leidet, trotzdem ist unsere Beziehung meistens ganz gut. Aber immer dann, wenn er unglücklich ist oder absichtlich etwas sagt, das mich verletzt oder abstößt, streiten wir. Er sagt jedesmal, ich solle ihn nicht reizen, wenn er in einer solchen Stimmung ist, aber mich macht das wild. Das Problem ist: Er wird immer gewalttätiger. Ein paarmal hat er mich gestoßen, und einmal, als ich auf dem Boden lag, hat er mir einen Fußtritt versetzt. Dann, vor einem Monat, stritten wir wieder einmal, und ich wußte, ich müßte eigentlich aufhören, aber ich tat es nicht. Er warf mich so brutal gegen die Wand, daß ich eine Gehirnerschütterung davontrug. Ich wußte nicht, was ich

den Leuten im Krankenhaus sagen sollte. Ich weiß, ich sollte eigentlich nicht bei einem Mann bleiben, der einen schlägt, aber er tut es ja nicht wirklich. Was kann ich tun?
Antwort: Sie können zugeben, daß er sich Ihnen gegenüber gewalttätig verhält. Sie können äußern, daß Sie das Bedürfnis haben, bestimmte Dinge mit Ihrem Partner zu diskutieren, ohne daß er Sie angreift. Hierbei handelt es sich um grundlegende Menschenrechte – nichts, was Sie sagen, gibt irgend jemandem das Recht, Sie zu verletzen. Nichts. Und wenn er es nicht unterlassen kann, Sie zu verletzen, dann müssen Sie ihn verlassen. Wie Sie selbst sagen – es wird schlimmer mit ihm. Diese Verschlimmerung resultiert daher, daß Sie zulassen, mit so wenig Respekt behandelt zu werden. Und es geht nicht nur um Sie, auch Ihre kleine Tochter muß berücksichtigt werden. Glauben Sie wirklich, daß eine solche Umgebung ihr guttut?
Es gibt keinen Grund, in einer Beziehung zu verharren, in der tätliche Übergriffe vorkommen. Gehen Sie etwas auf Distanz – selbst wenn Sie die Probleme letztendlich lösen und er sich verpflichtet, Sie von nun an mit Achtung zu behandeln. Dies können Sie nur erreichen, wenn Sie körperlich von ihm getrennt leben. Nichts anderes wird ihn überzeugen, daß es Ihnen ernst damit ist, nur einen Mann haben zu wollen, der Sie liebt und achtet, und ansonsten lieber ganz auf einen Mann verzichten.

Konstruktive Kritik üben

Frage: Ich habe meinem Freund einen Artikel in einer Zeitschrift gezeigt, der darüber informiert, wie man sein Sexualleben verbessern kann, und er flippte aus. Zuerst fragte er mich, warum ich ihm so etwas zeige. Dann fing er an, über alle Frauen zu sprechen, die er befriedigt

habe, und wurde richtig aggressiv. Ich fand seine Reaktion fürchterlich, er spielte wirklich verrückt. Wie kann ich ihn dazu bringen, besser im Bett zu werden, wenn er immer glaubt, er sei der größte Liebhaber aller Zeiten?
Antwort: Niemand schätzt es, be- oder verurteilt zu werden, und wir nehmen häufig viel zu schnell an, wir würden verurteilt, wenn es um sexuelle Belange geht. So wie Ihr Freund auf das, was er als Kritik auffaßte, überreagierte, so wurden Sie eifersüchtig, als er die anderen Frauen erwähnte, die er befriedigte.
Es ist eine natürliche Tatsache, daß Menschen immer dazulernen müssen – ob es um Sex, Beziehungen oder um uns selbst geht. Und vergessen Sie nicht, daß wir hauptsächlich voneinander lernen. Ihr Freund hat seinen sexuellen Horizont in jeder Beziehung erweitert, ebenso wie Sie. Ihrer beider frühere Beziehungen haben nichts mit der, in der Sie jetzt leben, zu tun, außer daß sie die Grundlage für die gegenwärtige Beziehung legten. Und das ist gut so.
Wenn Sie beide die Dinge, die Sie gelernt haben, (mit)teilen können – und beide imstande sind, auf die Wünsche des anderen zu hören –, werden Sie Ihre Sexualität sogar gemeinsam weiterentwickeln. Aber nur in dem Maße, wie Sie die reichen Erfahrungen aus beiden vergangenen Beziehungen in Ihre sexuelle Beziehung mit einbringen, werden Sie beide befriedigt sein. Das ist eine gegenseitige Erfahrung, und sie wird nur zufriedenstellend sein, wenn zwischen den Partnern ein Austausch besteht.

So helfen Sie dem Partner, damit fertig zu werden

Frage: Vor fast drei Jahren habe ich einen großen, schlanken, attraktiven Mann geheiratet. Unsere Beziehung ist gut – unsere Tagespläne wechseln häufig, so daß wir

abends nicht so viel Zeit zusammen verbringen können wie die meisten Paare. Aber wir verstehen uns wirklich gut und fühlen uns zusammen wohl. Ich finde ihn sexy, aber seit unserer Heirat hat er fünfzig Pfund zugenommen. Mich stört das im Grunde nicht, aber ihn. Ich sage ihm immer, er soll eine Diät einhalten oder wenigstens nicht so viele süße, fetthaltige Dinge essen, die er so mag. Früher war er viel aktiver; ich denke, deshalb war er schlanker. Ich bin praktisch Vegetarierin, deshalb habe ich kaum Probleme mit meinem Gewicht. Ich verstehe nicht, daß er sich so elend fühlt, aber nichts gegen seine Gewichtszunahme unternimmt. Wie kann ich ihm beim Abnehmen helfen?
Antwort: Sprechen Sie mit ihm darüber. Es ist eine allgemein zutreffende Beobachtung, daß Menschen zu viel essen, wenn sie bedrückt oder frustriert wegen ihres Lebens sind. Es könnte sein, daß Ihr Mann über die unterschiedlichen Tagespläne gar nicht so glücklich ist. Vielleicht bedrückt ihn auch der veränderte Lebensstil, der ihn passiver macht. Nur Sie sind imstande, das herauszufinden. Achten Sie darauf, daß Sie wegen seines Gewichts nicht an ihm herumnörgeln. Die Tatsache, daß er darüber klagt, könnte ein Ruf nach Beruhigung und Bestätigung sein.
Vielleicht braucht er auch nur Ermutigung; warum nehmen Sie sich nicht gemeinsam des Problems an? Selbst wenn Sie nicht abnehmen müssen – Sie werden gesünder werden und sich wohler fühlen. Sie könnten ihm auch vorschlagen, zu den Weight Watchers zu gehen oder einen Diätspezialisten aufzusuchen. Letztlich können ihn nur sein eigener Entschluß und seine Kraft zum Abnehmen bringen. Wenn er nicht wirklich abspecken will, wird nichts, was Sie anstellen, ihn dazu bringen.

Alternativen zum Geschlechtsverkehr

Frage: Ich bin jetzt fast ein Jahr lang mit meinem Freund zusammen. Ich habe ihn die ganze Zeit über berührt und gestreichelt, auch dort, wo es zählt. Aber eines Tages sagte er zu mir, ich solle ihn dort nicht anfassen, wenn ich nicht wirklich mit ihm schlafen wolle. Jetzt fasse ich ihn überhaupt nicht mehr an. Wie kann ich es einrichten, daß ich ihn zwar berühre, aber nicht jedesmal mit ihm schlafe?

Antwort: Sie müssen Ihre sexuelle Beziehung öffnen, damit auch andere Ziele als Geschlechtsverkehr und Orgasmus Platz darin haben. Wenn Sie immer dasselbe Ziel haben, dann wissen Sie im voraus immer schon, wohin Sie gehen – und das ist nach einer Weile nicht mehr sehr aufregend.

Wie machen Sie Ihrem Freund das klar, ohne ihn zu kränken? Sagen Sie ihm nicht, was Ihnen nicht paßt – sagen Sie ihm, was Sie gern mit ihm täten. Wenn er das nächste Mal Anzeichen macht, daß er mit Ihnen schlafen will, dann schlagen Sie eine Art Spiel vor: zum Beispiel, daß Sie ihn berühren dürfen, er aber Sie nicht; oder daß Sie, was immer Sie machen, im Stehen tun; oder daß Sie diesmal keinen Geschlechtsverkehr haben, sondern sich gegenseitig nur manuell stimulieren oder sich aneinander reiben (benutzen Sie Lotion, das ist toll!). Bleiben Sie dieses eine Mal bei Ihren Spielregeln; Sie werden sehen, daß Sie ein absolut einmaliges sexuelles Erlebnis haben. Indem Sie Ihre sexuelle Begegnung ganz bewußt in eine bestimmte Richtung lenken, eröffnen Sie sich beide die Einsicht, daß es – neben dem Geschlechtsverkehr – noch andere Möglichkeiten der sexuellen Interaktion gibt. Sie haben zwei Körper zu Ihrer Verfügung – warum halten Sie sich immer nur an ein oder zwei Variationen des Verkehrs oder an oralen Sex, wo Sie doch jedesmal etwas ganz Neues haben können?

Wenn Sie Ihrem Freund zeigen können, daß sexuelle Gegenleistungen nicht immer auf Geschlechtsverkehr beruhen müssen, wird es leicht sein, ihn davon zu überzeugen, daß nicht jede Berührung mit einem Orgasmus enden muß. Und dies wird die Sexualität wieder in Ihren Alltag zurückbringen. Ein Kuß auf seinen Nacken, wenn Sie gerade in die Küche gehen, kann zu einem regelrechten sexuellen Erlebnis werden. Eine nackte Umarmung nach der Dusche kann wundervoll sein. Zeigen Sie ihm, wieviel reicher und aufregender das Leben ist, wenn Sie beide nicht genau wissen, was als nächstes kommen wird.

Ich will nicht die zweite Geige spielen

Frage: Ich habe einen Freund, den ich sehr gern habe. Er hatte zuvor eine lange Beziehung, die vor sechs Monaten zerbrach, und einige Monate lang ging er – obwohl wir schon zusammen waren – noch mit einem anderen Mädchen. Wir sind nun seit einem Monat zusammen, aber wir haben noch keinen Sex gehabt.

Ich weiß nicht, ob er mit dem anderen Mädchen schläft oder nicht. Er hat ein Foto in seiner Brieftasche, auf dem beide abgebildet sind, und als ich ihn darauf ansprach, sagte er, sie habe ihm geholfen, über seine Niedergeschlagenheit hinwegzukommen, als seine letzte Freundin ihn verließ. Ich möchte gerne wissen, ob ich mit ihm schlafen soll. Wird er mich dann lieber mögen?

Antwort: Wenn Sie zum jetzigen Zeitpunkt mit ihm Sex haben, werden nur Sie ihn noch lieber mögen und mehr von ihm wollen. Gehen Sie weiterhin mit ihm aus und lassen Sie ihn wissen, daß Ihnen an einer Weiterentwicklung der Beziehung liegt; doch überstürzen Sie nichts. Warten Sie, bis er sich Ihnen zuwendet. Seien Sie ihm eine gute Freundin und versuchen Sie, möglichst viel über ihn und von ihm zu erfahren. Will er dieselbe Art Beziehung wie Sie? Ist er an einer Vertiefung der Beziehung interessiert? Vergewissern Sie sich, daß er Ihnen – an Zeit und Aufmerksamkeit – geben will, was Sie brauchen, ehe Sie die Beziehung intensivieren. Ansonsten werden Sie sich mißbraucht fühlen; wenn er weiterhin Zeit mit dem anderen Mädchen verbringt, werden Sie wahrscheinlich eifersüchtig sein.

Orgasmusprobleme

Frage: Es mag seltsam klingen, aber manchmal, wenn ich mit meinem Freund schlafe, habe ich das Gefühl, daß sein Penis nicht richtig in mir drin ist. Zuweilen hat er einen tollen Orgasmus, dann wieder scheint er keine sehr starken Empfindungen zu haben. Wenn ich ihn frage, sagt er, daß es ihm gefallen hat, aber er will nicht mit mir darüber reden und wechselt das Thema. Was soll ich tun?

Antwort: Sind Ihre eigenen Orgasmen nicht unterschiedlich in der Intensität? Wenn das nicht der Fall ist, dann entgeht hier irgend etwas Ihrer Aufmerksamkeit. Es wirkt so, als hätten Sie kein körperliches, sondern ein emotionelles Problem. Wenn er sich nicht beklagt, dann fehlt doch keinem von beiden etwas. Und warum hat das eine so große Bedeutung für Sie? Warum möchte er nicht darüber reden? Haben Sie schon einmal in Betracht gezogen, daß Ihre eigene Unsicherheit in dieser Frage ihn daran hindern könnte, darüber zu reden? Vielleicht würde er gerne über seine verschiedenen Orgasmusarten mit Ihnen sprechen, will Sie aber nicht wissen lassen, wenn er sich einmal einfach nur gut fühlte – denn Sie machen deutlich, wie gerne Sie hätten, daß er jedesmal in Ekstase gerät. Das eigene Ego steht gutem Sex oft im Wege.

Wer ergreift die Initiative?

Frage: Ich bin seit drei Jahren verheiratet, und mein Mann macht selten den ersten Schritt, wenn es um Sex geht. Zu Beginn unserer Beziehung übernahm ich dann immer die Initiative, aber jetzt habe ich irgendwie den Antrieb verloren. Ich wünschte, er wäre etwas aktiver. Aber immer wenn ich versuche, ihm das mitzuteilen, sagt er, ich sei ja immer beschäftigt, wenn er wolle. Doch das kann nicht immer stimmen. Wie kann ich ihn dazu bringen, etwas unternehmender zu werden?

Antwort: Sagen Sie Ihrem Mann, daß Sie in der kommenden Woche keinerlei Initiative zum Beischlaf ergreifen werden – und daß die Reihe an ihm ist. Wenn er nicht will, dann schlafen Sie eben nicht zusammen. Die Woche danach sind Sie dann wieder an der Reihe, den ersten Schritt zu machen. Wenn Sie Sex haben wollen, können Sie es vorschlagen. Halten Sie das fünf oder sechs Wochen so; auf diese Weise nehmen Sie beide die Gewohnheit an, sich abzuwechseln, wenn es um die Initiative zum Sex geht.

Ein Lügner und Fremdgeher

Frage: Ich gehe seit acht Monaten mit einem Mann und habe vor kurzem herausgefunden, daß er verheiratet ist. In all den acht Monaten hat er mir das nie gesagt. Eine Arbeitskollegin fand es heraus und teilte es mir mit. Ich traf ihn in meiner Firma, wir freundeten uns an und begannen zusammen auszugehen. In sexueller Hinsicht hatten wir eine gute Beziehung, finde ich. Wir sahen uns nicht sehr oft, aber er rief mich immer an. Er behauptet, daß seine Ehe zerbrochen sei, er sie verlassen würde und daß er mich wirklich liebt. Ich glaube ihm, aber alles übrige regt mich auf.

Antwort: Das sollte Sie auch aufregen. Trauen Sie nie einem Mann, der Ihnen acht Monate lang über etwas so Ernstes wie die Ehe nicht die Wahrheit sagt. Wenn er Ihnen gleich zu Anfang gesagt hätte, daß er verheiratet und seine Beziehung am Auseinanderbrechen ist, hätte ich gesagt – nun dann. Aber Sie die ganze Zeit über anzulügen! Vergessen Sie diesen Mann. Sonst kommen mehr Probleme auf Sie zu, als Ihnen lieb ist.

Nur Sex

Frage: Ich gehe seit acht Monaten mit einem Mann. Wir schlafen häufig zusammen, praktisch jedesmal, wenn wir uns treffen. Er sagt, er liebt mich, aber sobald wir Geschlechtsverkehr hatten, dreht er sich weg und schenkt mir keine große Beachtung mehr. Er hat drei Zimmergenossen, und deren Freunde sind immer da. Gewöhnlich sind wir mit ihnen zusammen. Manchmal reden sie vor mir über Frauen, und ihre Gespräche beziehen sich immer auf Sex. Wie kann ich meinen Freund dazu bringen, auch andere Dinge zu tun, wenn wir allein sind?

Antwort: Indem Sie nicht jedesmal miteinander schlafen, wenn Sie sich mit ihm treffen. Auf mich macht es den Eindruck, als wollten Sie gerne wissen, ob er um Ihrer selbst willen oder nur aus sexuellen Gründen mit Ihnen zusammen ist. Wenn es ihm nur um den Sex geht, dann müssen Sie sich selbst fragen, ob Ihnen das genügt.

Sagen Sie Ihrem Freund, daß Sie mit ihm ausgehen möchten. Gehen Sie in ein Restaurant oder ins Kino oder gehen Sie einfach nur spazieren und unterhalten sich. Wenn er dazu keine Lust hat, dann sagen Sie ihm, daß *Sie* ausgehen, ganz gleich, ob er mitkommt oder nicht. Und dann tun Sie's auch, auch wenn er Sie nicht begleitet. Kehren Sie an diesem Abend auch nicht zu ihm zurück, und schlafen Sie in dieser Nacht unter keinen Umständen mit ihm. Das sollten Sie ein paar Wochen lang tun. Wenn er sich ständig weigert zu tun, was Sie wollen, sondern die Abende weiterhin nach dem gleichen Muster ablaufen, dann müssen Sie den Tatsachen ins Auge sehen. Wollen Sie einen Mann, der sich um Ihre Wünsche keinen Deut schert? Wollen Sie jemandem, der so selbstsüchtig ist, Ihre Zeit und Ihre Liebe geben? Wenn er Ihre Bedürfnisse nicht erfüllen kann, dann sollten Sie die Konsequenzen ziehen. Verlassen Sie ihn, damit Sie jemand anderen finden können.

Ich habe einen jüngeren Freund

Frage: Ich bin zweiundvierzig und habe zwei Kinder, die beide auf die Zwanzig zugehen. Seit fast einem Jahr gehe ich mit einem Mann aus, der zweiunddreißig ist. Um ganz ehrlich zu sein, als ich die Affäre anfing, habe ich nicht viel erwartet. Er ist sehr nett, und unser Sexualleben behagt mir. Er mag meine Kinder, aber es schien ihm nie daran zu liegen, ein Vater für sie zu sein, und ich machte ihm deswegen auch keine Vorwürfe. Schließlich ist er zehn Jahre jünger als ich. Ich hatte eigentlich erwartet, er würde mich nach einer Weile wieder verlassen. Aber letzte Woche machte er mir einen Heiratsantrag. Ich wußte, daß unser Zusammenleben ihm zusagte, aber dennoch konnte ich meinen Ohren kaum trauen. Allerdings bin ich mir nicht sicher, ob ich sein Angebot überhaupt annehmen darf. Ich kann keine Kinder mehr bekommen, und das hieße, er würde nie eigene Kinder haben. Und was wäre, wenn er mich heiratet und nach ein paar Jahren Anzeichen des Alters bei mir sieht, die er nicht erwartet hat?

Antwort: Ich habe den Eindruck, als habe er seine Entscheidung aus freien Stücken getroffen. Sie machten keinerlei Andeutungen, daß Sie ihn verlassen würden, falls er Sie nicht heiratet. Sie haben nichts von ihm erwartet und ihn in keiner Weise ma-

nipuliert. Sie haben einfach eine gute Zeit mit ihm verbracht, und nun sagt er Ihnen, daß er auch weiterhin gut mit Ihnen zusammenleben möchte.

Sofern Sie ihm gesagt haben, daß Sie keine Kinder mehr haben können, ist es an ihm, zu wählen. Sie können immer noch ein Kind adoptieren oder in Pflege nehmen, wenn Sie das beide wollen. Und was Ihre Kinder betrifft – falls seine Beziehung zu ihnen herzlich und aufgeschlossen ist, kann sie sich auch weiterentwickeln, sobald der Mann ständiges Mitglied Ihrer Familie ist.

Was Ihr Alter und die Zeichen des Alters angeht: Sie haben bereits die stärkste Bestätigung erhalten, daß er Sie um Ihrer selbst willen liebt.

In jedem Mann steckt ein guter Liebhaber. Er muß nur wissen, was Frauen Spaß macht. In diesem Buch erfahren Sie unter anderem,

- wie Sie sie dazu bekommen, über Sex zu sprechen,
- wie Sie Ihre Traumfrau verführen,
- wie Sie zum Meister in der Kunst des Vorspiels (und des Nachspiels) werden,
- wie Sie herausfinden, was ihr gefällt,
- wie Sie ihr einen unvergleichlichen Orgasmus verschaffen können,
- was Sie tun können, damit sie sich Ihnen im Bett völlig hingibt.

Dies ist das perfekte Buch für Sie, wenn Sie die sexuellen Wünsche und Bedürfnisse der Frauen kennenlernen und verstehen wollen. Lesen Sie es, und Ihre Frau wird ganz wild nach Ihnen sein.

Vollständige Taschenbuchausgabe März 1997
Dieses Taschenbuch ist auch unter der
Bandnummer 82072 erhältlich.

Titel der Originalausgabe: »The Learning Annex Guide
To Driving Your Woman Wild In Bed«

Originalverlag: Citadel Press Book/Carol Publishing Group, New York
Published by Arrangement with Carol Publishing Group, Inc.
Umschlaggestaltung: Angela Dobrick, Hamburg
Satz: Ventura Publisher im Verlag
Druck und Bindung: Clausen & Bosse, Leck
Printed in Germany
ISBN 3-426-82132-X

2 4 5 3 1

Susan Wright

Wie Sie jede Frau rumkriegen

Sextips für Männer

Aus dem Amerikanischen
von Pia Westhoff

Knaur

Inhaltsverzeichnis

Sind Sie gut im Bett?

Ich bin sicher, daß Sie gut im Bett sein möchten. Aber wollen Sie wissen, ob Sie es sind oder nicht?
In *Wie Sie jede Frau rumkriegen* finden Sie ein paar Antworten darauf. Und obwohl das vorliegende Buch von Frauen handelt und für Männer geschrieben worden ist, wird Ihr eigener Erfolg letztlich von der Antwort Ihrer Geliebten abhängen. Versuchen Sie, dieses Buch gemeinsam mit Ihrer Partnerin zu lesen; Gespräche über Sex sind eine ausgezeichnete Möglichkeit, ihre wahren Gefühle und Wünsche zu entdecken.
Natürlich kann kein Buch alle sexuellen Erfahrungen behandeln, aber die folgenden Tips eröffnen Ihnen und Ihrer Geliebten vielleicht den Beginn einer wunderbaren Sexualbeziehung.

Das Wichtigste zuerst

Die beiden wichtigsten Dinge, die Sie im Verhältnis zu Ihrer Partnerin immer im Auge behalten müssen, sind:

1. Für eine Frau ist Sex sowohl eine gefühlsmäßige als auch eine körperliche Erfahrung.
2. Damit die Spannung nicht erlischt, sollte der Sex sehr abwechslungsreich gestaltet werden und nie zur Routine werden.

Wenn Sie mit diesen beiden Hinweisen etwas anfangen können und sie in Ihren sexuellen Begegnungen beherzigen, haben Sie eine gute Chance, Ihre Partnerin im Bett zu entflammen.

Körper und Gefühle

Nicht das, was Sie über Sex wissen, und auch keine neue Liebestechnik wird Ihre Partnerin wild im Bett machen. Für die meisten Frauen ist Sex sowohl eine gefühlsmäßige als auch eine körperliche Erfahrung, und ein guter Liebhaber wird beiden Aspekten hinreichend Aufmerksamkeit schenken.

Männer neigen dazu, sich beim Sex mehr auf die körperliche Seite zu konzentrieren – Liebestechnik, Geschick, körperliche Attraktivität –, und vernachlässigen oft die emotionale Seite beim Liebesspiel. In dieser Unausgewogenheit liegt der Unterschied zwischen einem Mann, der eine Frau im Bett auf Touren bringen kann, und einem, dem es nicht gelingt.

Anstatt an Ihre Leistungen zu denken, konzentrieren Sie sich lieber auf Ihre Gefühle! Was gefällt Ihnen an Ihrer Partnerin? Und was scheint ihr an Ihnen zu gefallen? Wenn keine Zuneigung zwischen Ihnen besteht, dann sollten Sie mit dieser Frau vielleicht gar keinen Geschlechtsverkehr pflegen.

Wenn Sie sich gefühlsmäßig engagieren, dann werden sich aus Ihrer emotionalen Beziehung zu Ihrer Partnerin die richtigen Handlungen von selbst ergeben. Sie reagieren dann in der gewünschten Weise – nicht weil Sie das Gefühl haben, daß Sie es sollten, sondern weil Sie es wollen. Und damit werden Sie Ihre Partnerin im Bett befriedigen.

Lassen Sie den Sex nie zur Routine werden!

Sie können nur dann ein guter Liebhaber sein, wenn es Ihnen Spaß macht, die Bandbreite Ihrer erotischen Er-

fahrungen zu vergrößern. Wenn Sie wirklich gewillt sind, sich auf Ihre Partnerin einzulassen und einen für beide Seiten erfreulichen Liebesakt zu gestalten, ist es nebensächlich, ob Ihnen jede Einzelheit über Sex bekannt ist. Seien Sie beim Sex mit Ihrer Partnerin experimentierfreudig und offen. Nicht die *eine* Methode, *die* perfekte Stellung oder eine bestimmte Abfolge von Stellungen wird Sie zu einem guten Liebhaber machen. Hier gibt es kein erstens, zweitens, drittens. Ihre sexuellen Begegnungen sollten zwar aufregend und abwechslungsreich sein. Aber machen Sie nicht den Fehler, rein mechanisch eine Menge kleiner aufreizender Dinge zu tun, ohne daran zu denken, wie und wann Sie sie tun sollten.

Romantik

Was will eine Frau in einer sexuellen Beziehung wirklich? Sie will Romantik.
»Romantik« bedeutet ganz einfach, daß eine Frau mehr als nur eine Sexualpartnerin für Sie sein will. Sie will zärtlich gestreichelt und geküßt werden. Sie will mit Ihnen reden. Wenn Ihre Geliebte vorhat, mit Ihnen ins Bett zu gehen, wird ihr oft vor allem daran gelegen sein, sich Ihnen ganz nahe zu fühlen, Ihre Wärme auf der Haut zu spüren, Hemmschwellen abzubauen, in Ihre Sphäre einzudringen und in der körperlichen Vereinigung mit Ihnen zu verschmelzen.
Ihre Partnerin möchte ebenso die *verbale* wie körperliche Bestätigung, daß sie Ihnen als Mensch wichtig ist, daß Sie sie achten und bewundern und daß Sie ihr gefallen wollen. Es ist wichtig, daß Sie Ihrer Parterin diese Dinge *sagen* – es nur zu denken, wird Ihre sexuelle Beziehung in keiner Weise verbessern.
Es mag einfach nur ein Mangel an guten männlichen Vorbildern sein, der Sie daran hindert, sich romantisch zu geben – das trifft nämlich auf viele Männer zu. Aber wollen Sie nicht, daß Ihre Partnerin Ihnen zuhört, für Sie da ist und ihr Leben mit Ihnen teilt?

Berührungen

Wenn Sie Ihre Partnerin nur dann berühren, sofern Sie mit ihr schlafen wollen, wird es Ihnen nie gelingen, eine angenehme, kontaktreiche Beziehung zu führen.
Und wenn Sie jedesmal, wenn Ihre Geliebte Sie berührt,

immer gleich mit ihr ins Bett gehen wollen, wird Ihre Partnerin Sie bald nicht mehr anfassen. Sie müssen Ihre Partnerin unbedingt auch außerhalb des Geschlechtsverkehrs umarmen und streicheln.
Wenn sie Ihnen einen Abschiedskuß gibt, dann nehmen Sie ihn bitte nicht nur mechanisch hin. Und während Sie beide vor dem Fernsehapparat sitzen, streicheln Sie ihr übers Haar, halten Sie ihre Hand und schmusen Sie mit ihr. Berühren Sie zärtlich ihre Brüste, wenn sie an Ihnen vorübergeht, streichen Sie über ihr Hinterteil, geben Sie ihr einen langen, leidenschaftlichen Kuß. Und – tun Sie's absichtslos! Denken Sie daran, es muß nicht jedesmal zum Sex führen.

Aufmerksamkeiten

Überraschen Sie Ihre Partnerin im Bett – und auch außerhalb – mit netten Kleinigkeiten. Auch »alberne«, romantische Dinge – Geschenke, kleine handgeschriebene Botschaften, Blumen – werden Ihre Partnerin bestimmt erfreuen und viel dazu beitragen, daß sie fühlt, wie wichtig sie Ihnen ist. Bringen Sie unangekündigt Eis mit nach Hause oder Eintrittskarten für einen Theaterabend oder einen Film, den Sie zusammen genießen können. Aber belassen Sie es nicht dabei. Sie können ihr ebenso Sex- oder Liebesbotschaften zukommen lassen, Strip-Poker spielen, um sexuelle Gefälligkeiten wetten, sie mit erotischen Geschenken und Dessous beglücken oder erotische Sofortbilder von ihr aufnehmen. Das alles zeigt, daß Sie an sie denken und sie Ihnen so viel bedeutet, daß Sie sich oft darüber Gedanken machen, wie Sie sie wohl überraschen, erfreuen und befriedigen könnten.

Vergessen Sie nicht, ihr auch vor anderen Leuten Aufmerksamkeit zu schenken. Wenn Sie Ihre Partnerin Freunden vorstellen, zeigen Sie durch Lächeln und Freundlichkeit, daß Sie sie gern haben. Dadurch, daß Sie Ihre Bindung öffentlich kundtun, sichern Sie sich einen Platz in ihrem Herzen.

Gespräche

Wahrscheinlich haben Sie in Ihrer Phantasie Hunderte verschiedener Möglichkeiten durchgespielt, wie Sie ein Liebesspiel beginnen könnten. Frauen geht das nicht anders. Der größte Unterschied zwischen männlicher und weiblicher Phantasie besteht darin, daß für Frauen das ideale Vorspiel mit einem Gespräch beginnt.
Das heißt nicht, daß Sie ein redegewandter Don Juan sein müssen. Es bedeutet, daß Sie, falls Sie sich von einer Frau angezogen fühlen und, umgekehrt, die Frau sich auch von Ihnen, Ihre Worte ihr oft mehr Vergnügen bereiten können, als eine zärtliche Berührung oder leidenschaftliche Blicke es je vermögen.
Ein Gespräch bedeutet nicht, daß Sie irgendwelche Alltäglichkeiten aus Ihrem Leben erzählen müssen. Sprechen Sie mit ihr über Ihre Zukunft, Ihre Träume – vergangene und gegenwärtige – und über Ihre Vorstellungen darüber, wie eine gute Beziehung aussehen sollte. Fragen Sie Ihre Partnerin nach ihren Träumen und Plänen. Sie wird von Ihrem Einfühlungsvermögen begeistert sein.

Über Sex reden

Für die meisten Männer ist die Vorstellung, daß eine fremde, willige Frau sie ganz unerwartet anmacht, sehr aufregend. Wenn Sie sich in einer solchen Lage befinden und sich gut dabei fühlen und Lust haben, weiterzugehen, dann tun Sie sich keinen Zwang an und genießen Sie's in vollen Zügen. Aber so wortlos werden nur die wenigsten Ihrer sexuellen Begegnungen vonstatten gehen, zumal, wenn Sie mehr als einmal mit einer Frau sexuell verkehren wollen.

Die meisten Leute, vor allem Männer, sind zu scheu, um von sich aus über Sex zu reden. Viele Männer denken sogar, es sei gar nicht wichtig, über Sex zu reden, und versuchen nie, ihre Hemmungen in diesem Punkt zu überwinden. Aber wenn Sie Ihre Partnerin im Bett auf Touren bringen wollen, dürfen Sie Gesprächen über Sex nicht ausweichen.

Im allgemeinen sind Männer eher gewohnt, sich von visuellen Reizen sexuell anregen zu lassen, wohingegen Frauen viel mehr auf Worte reagieren. Wenn Sie es vernachlässigen, mit Ihrer Partnerin über Sex zu reden, – woher wollen Sie dann je wissen, wie Sie ihre Bedürfnisse befriedigen sollen?

Selbst ein Mann, der sich sehr wohl mit seiner Partnerin fühlt, hat manchmal Schwierigkeiten, über seine eigenen Bedürfnisse und Wünsche zu reden (wie auch die seiner Partnerin). Wahrscheinlich beginnt man am besten beim Geschlechtsverkehr ein Gespräch über Sex. Fragen Sie: »Ist das gut?« Wenn Ihre Partnerin etwas tut, das Ihnen Spaß macht, dann sagen Sie's ihr. Und wenn sie etwas tut, das Sie nicht mögen, machen Sie sie darauf aufmerksam,

indem Sie sagen: »Das ist unangenehm«, oder indem Sie ihr etwas genauere Anweisungen geben, beispielsweise laut aufstöhnen: »Ja, tiefer ...«, oder bitten: »Mehr, Liebling!«

Der Augenblick, in dem Sie beide nach dem Sex aneinandergeschmiegt und befriedigt daliegen, ist der beste Zeitpunkt, über Sex zu reden. Sagen Sie ihr, was Sie eben gut fanden, womit Sie ihr gerne Spaß bereiten würden, wie sehr sie Ihnen gefällt.

Auch wenn es das Natürlichste der Welt zu sein scheint – Sie müssen nicht unbedingt intim sein, um über Sex zu sprechen. Manchen Leuten fällt es leichter, wenn beide angekleidet sind und sie sich in einer ruhigen, gelassenen Stimmung befinden.

Es gibt auch eine ganze Reihe indirekter Methoden, mit denen Sie eine Diskussion eröffnen können – Bücher, Filme, Spiele usw. Aber Sie werden nichts erreichen, ehe Sie nicht wirklich *sagen*, was Sie fühlen. Hinweise und versteckte Andeutungen sind fruchtlos, wenn es um Sex geht. Und necken Sie sie beim Sex nicht mit Dingen, die sie tut oder nicht tut. Necken heißt nicht reden. Sie wird denken, Sie machten sich über sie lustig, und wird dann noch gehemmter sein.

Eine guter Gesprächsbeginn könnten zum Beispiel Fragen sein wie: »Was hast du besonders gern, wenn wir zusammen schlafen?«, »Was würdest du gerne einmal versuchen?«, »Was sollten wir häufiger machen?« und »Was weniger oft?«

Wenn Sie einmal Mut gefaßt haben und ein Gespräch beginnen, werden Sie merken, daß es mit der Zeit immer leichter geht. Beide Partner sollten offen bleiben und sich während des Redens nicht von anderen Aspekten ihrer Beziehung ablenken lassen.

Kritik

Es ist nie gut, etwas, das Ihre Partnerin tut, zu kritisieren, während Sie miteinander schlafen. Sagen Sie ihr zuerst, was Sie gut finden. Sagen Sie ihr, was Sie besonders anziehend an ihr finden. Dann wird sie sich nicht angegriffen fühlen, wenn Sie ein paar Dinge erwähnen, die sie lieber unterlassen sollte.

Wenn Ihre Partnerin Sie kritisiert, sollten Sie deshalb nicht annehmen, sie halte Sie für einen schlechten Liebhaber. Wenn Sie ihr gut zuhören und aus ihren Vorschlägen lernen, werden Sie sowohl für diese Frau als auch für eventuelle spätere Partnerinnen ein besserer Liebhaber sein.

Passen Sie auf, daß Sie nicht den Fehler machen, nur dann über Sex zu sprechen, wenn Sie ein Problem haben. Das Gespräch dient dazu, Ihr sexuelles Erleben mit Ihrer Partnerin zu verbessern. Wenn Ihre Diskussionen immer negativ verlaufen, wird am Ende keiner von Ihnen beiden mehr Lust haben, über Sex zu reden, geschweige denn, Sex zu haben.

Eifersucht

Möglicherweise möchte Ihre Partnerin mehr über frühere Beziehungen sprechen als Sie. Es ist an Ihnen zu entscheiden, ob Sie über frühere Geliebte reden wollen. Langfristig gesehen ist es sicher das Beste, sich nicht allzu sehr in den sexuellen Einzelheiten vergangener Leidenschaften zu ergehen. Vergleichen Sie Ihre gegenwärtige Partnerin nie mit früheren Liebhaberinnen, auch wenn der Vergleich positiv ausfällt. Sie wird sich selbst und Sie fra-

gen, in welchen Punkten sie nicht so gut ist wie die frühere Freundin. Keine Frau schätzt es, beurteilt zu werden, und sie weiß, daß Sie das, was Sie mit *einer* Liebhaberin tun, auch mit einer anderen tun werden.

Wenn Sie eifersüchtig über Ihre Freundin wachen, wird sie sich zuerst geschmeichelt fühlen. Aber wenn Sie sich andauernd und in hohem Maße eifersüchtig zeigen, wird sie letztlich zu dem Schluß kommen, daß es Ihnen an Selbstsicherheit mangelt. Sie werden sie letzten Endes nur irritieren. Die Achtung Ihrer Partnerin werden Sie nur dann gewinnen, wenn Sie sie achten und ihr vertrauen.

Wenn Sie sich beide einig sind, daß Sie eine monogame Beziehung führen wollen, obliegt es Ihnen beiden, deutlich klar zu machen, daß der Partner der wichtigste Mensch des anderen Geschlechts ist. Sie sollten ihr ganz ausdrücklich sagen, was Ihnen an ihr gefällt – und das im Laufe der ganzen Beziehung, nicht nur zu Anfang.

Hemmungen

Im idealen Fall ist der Sex ein angenehmer und bereichernder Bestandteil des Lebens. Wenn Menschen Sex als etwas Natürliches betrachten, sind sie eher imstande, sich mitzuteilen, und können damit ihr Sexualleben vielfältiger gestalten.

Wenn Sie oder Ihre Partnerin gegenüber manchen sexuellen Handlungen Hemmungen haben oder allgemein mit der Sexualität nicht zurechtkommen, dann müssen Sie darüber reden, um diesen Zustand zu ändern. Das wird Ihrer natürlichen Veranlagung vielleicht zuwiderlaufen, aber Sie müssen Ihre Gefühle offenbaren, um die Empfindungen Ihrer Partnerin nicht zu verletzen. Nur indem bei-

de Partner über Sex reden, können sie mehr Befriedigung bekommen.
Sie und Ihre Partnerin müssen keine sexuellen Handlungen ausführen, die mit Ihren Werten unvereinbar sind, aber Sie sind es sich gegenseitig schuldig, ihre Empfindungen zu offenbaren. Ebenso sind Sie es sich schuldig, die jeweiligen Vorlieben des anderen nicht als unmoralisch oder pervers zu verurteilen. So, wie Sie nicht ganz verstanden, was Geschlechtsverkehr eigentlich ist, als Sie noch unberührt waren, so können Sie eine Variante, die Sie noch nicht ausprobiert haben, nicht verstehen und sollten deswegen auch nicht darüber urteilen. Wenn Sie offen bleiben und Ihrer Partnerin vertrauen können, ist es gut möglich, daß Sie von Ihren eigenen Reaktionen angenehm überrascht sein werden.

Geben und Nehmen

Sex sollte sowohl Geben als auch Nehmen sein. Ein Mann, der immer nur »nehmen« will, wird nie ein guter Liebhaber sein. Wenn Sie nur an Ihr eigenes Vergnügen denken, werden Sie wahrscheinlich das Ihrer Partnerin behindern. Sie dürfen nicht nur sich und Ihr eigenes Vergnügen im Auge haben und sollten vielmehr damit beginnen, sich darüber Gedanken zu machen, wie Sie Ihrer Partnerin Vergnügen bereiten können. Sie sollten darüber nachdenken, was Sie tun könnten, damit die Frau sich begehrt, geliebt und gut fühlt.

Wenn Sie andererseits *nur* an Ihre Partnerin und ihr Vergnügen denken, laufen Sie Gefahr, am Ende Ihre eigenen Wünsche und Bedürfnisse zu ignorieren.

Es gibt mehrere Gründe, weshalb Sie möglicherweise immer »geben« wollen – vielleicht gibt es Ihnen das Gefühl, die Lage zu beherrschen, oder Sie fühlen sich so gehemmt beim intimen Zusammensein mit einer Frau, daß Sie Ihre Gefühle ausschalten. Nun könnten Sie aber auch der irrigen Meinung sind, daß Sie eine Frau nur dann scharf im Bett machen können, wenn Sie ihr jeden Wunsch erfüllen. Das ist zwar kein schlechter Gedanke … aber wenn Sie sich ausschließlich auf Ihre Partnerin konzentrieren, enthalten Sie ihr einen ganz wichtigen Teil des sexuellen Erlebens vor – nämlich, daß auch sie Ihnen etwas gibt. Auf manche Frauen wirkt das sogar hemmend; sie fühlen sich beobachtet und sind unangenehm berührt, wenn jeder Orgasmus gezählt wird. Keine Frau mag es, wenn ein Mann sie zur Stärkung seines Selbstbewußtseins mißbraucht und nur sich selbst beweisen will, daß er ein guter Liebhaber ist.

Eine gute sexuelle Beziehung schließt Geben und Nehmen mit ein – und sie kann tatsächlich eine gute Gelegenheit sein, Ihr ganzes Leben abwechslungsreicher zu gestalten. Keinesfalls dürfen Sie akribisch registrieren, wer von beiden wem etwas »gegeben« hat. Erwarten Sie nicht jedesmal Fellatio, wenn Sie Cunnilingus mit ihr gemacht haben. Und meinen Sie bloß nicht, Sie müßten ihr eine Gefälligkeit erweisen, wenn sie Sie massiert hat. Sex beruht auf Gegenseitigkeit, und Geben und Nehmen sollten sich zu einem stetigen, harmonischen Fließen verbinden.

Lernen Sie von Ihrer Partnerin

Ohne Hilfe kann niemand lernen, gut im Bett zu sein. Männer und Frauen müssen zusammen lernen. Und wenn es auch für einen Mann natürlich zu sein scheint, eine Frau in neue sexuelle Erfahrungen einzuführen, so machen doch viele Männer den Fehler zu glauben, sie seien, sobald sie ihre Unschuld verloren haben, technisch geübter und kenntnisreicher als die Frau, mit der sie ins Bett gehen. Diese Haltung hindert sie dann eher daran, gut im Bett zu sein.

Die einzige Weise, eine Frau im Bett auf hohe Drehzahlen zu bringen, ist, ihre Erfahrungen in Ihre Sexualbeziehung zu integrieren. Sie sollten sich glücklich schätzen, wenn Ihre Partnerin erfahrener ist als Sie! Das ist eine Chance, Ihren eigenen sexuellen Horizont zu erweitern, und nur dadurch, daß Sie diese Kenntnisse positiv aufnehmen, werden Sie in der Lage sein, sie scharf im Bett zu machen. Und selbst wenn Ihre Partnerin weniger erfahren ist als Sie, wird sie ihre eigenen Praktiken einzubringen haben –

ebenso wie man auch einem erfahreneren Partner etwas ganz Bestimmtes zu geben vermag.
Ihre Hauptverpflichtung bei einem Sexualakt besteht darin, offen zu sein. Sex ist ein Erlebnis, das auf Gegenseitigkeit beruht, und wird nur dann zur Zufriedenheit gelingen, wenn beide Partner sich austauschen.

Führen Sie Ihre Partnerin

Wenn Ihre Partnerin bei irgendeiner sexuellen Handlung zögert, muß das nicht heißen, daß sie eine Abneigung dagegen hat. Viel wahrscheinlicher ist, daß sie so etwas nie zuvor ausprobiert hat und sich dabei nicht ungeschickt anstellen will.
In dem Fall haben Sie eine wunderbare Gelegenheit, Ihre Partnerin um eine zusätzliche sexuelle Erfahrung zu bereichern. Zunächst sollten Sie sehr offen mit ihr sein und ihr erklären, was Sie gerne tun würden, wie Sie es gern täten und was man dabei fühlt. Geheimnis und Sex sind ein verführerisches Paar, aber wenn Sie Ihre Partnerin in eine Domäne einführen, wo sie unsicher ist, sind Sie es sich und ihr schuldig, so unmißverständlich wie möglich zu sein.
Sie sollten Ihre Partnerin nie drängen. Geben Sie ihr Zeit, sich an die neue Variante zu gewöhnen – schließlich wollen Sie, daß sie es gerne macht. Wenn sie Ihnen so vertraut, daß sie mit Ihnen intim ist, wird sie Ihnen auch so lange trauen, wie sie fühlt, daß Sie nicht von ihr *erwarten*, daß sie es tut.

Körperliches

Nur wenn Sie den Körper einer Frau kennen, können Sie ihn befriedigen.
Sie sollten dem Körper Ihrer Partnerin gegenüber eine bewundernde, wohlwollende Haltung einnehmen – das gilt auch für ihre Geschlechtsorgane. Allzu viele Männer nehmen von den Genitalien ihrer Partnerin einfach keine Notiz, außer bei der Penetration. Es kann hilfreich sein, zu wissen, daß die Geschlechtsorgane einer Frau sich nicht so sehr von den Ihren unterscheiden. Die Klitoris und der Penis bestehen aus demselben empfindlichen Gewebe. Auch Ihr Hodensack und ihre großen Schamlippen (Labia majora) haben Ähnlichkeiten. Die Genitalien Ihrer Partnerin sind kein unbekanntes Terrain, sondern etwas, worüber Sie bereits einiges wissen.

Der Körper Ihrer Partnerin

Die Vulva

Das Wort *Vulva* bezeichnet einfach alle äußeren – sichtbaren – weiblichen Geschlechtsorgane: Venushügel (Mons Veneris), die großen Schamlippen (Labia majora) und die kleinen Schamlippen (Labia minora), die Scheidenöffnung, die Harnröhrenöffnung und die Klitoris.
Der *mons Veneris* ist das weiche, hügelförmige Fettpolster über dem Schambein. Es ist mit gekräuseltem Schamhaar bedeckt. Der *mons* reagiert äußerst empfindlich auf Streicheln und sanftes Kneten.
Die großen Schamlippen schützen das Ganze. Bei manchen Frauen sind diese Hautfalten dick und schließen sich

über ihrem Geschlechtsorgan. Bei anderen liegen die Lippen nur zu beiden Seiten des Geschlechts. Jede Frau ist anders gebaut, so wie auch jeder Penis sich ein wenig von anderen unterscheidet.
Die kleinen Schamlippen sind sehr zart und empfindlich. Während der sexuellen Erregung werden sie normalerweise mit Scheidenflüssigkeit befeuchtet.
Die Harnröhrenöffnung befindet sich zwischen den kleinen Schamlippen, genau unter der Klitoris und über dem Scheideneingang. Führen Sie nie etwas in die Harnröhrenöffnung ein! Diese Stelle ist hochempfindlich, und Ihre Partnerin muß ganz allein entscheiden, ob es ihr Spaß macht, dort berührt zu werden. Für manche Frauen ist das ausgesprochen schmerzhaft.

Die Klitoris

Die kleine Haube (Klitorishaube), an der beide großen Schamlippen zusammentreffen, schützt die Klitoris. Dies ist der magische Fleck, die Stelle, über die Sie Bescheid wissen sollten. Jeder Mann, der versteht, was es mit der Klitoris auf sich hat, und ihr Beachtung schenkt, wird als guter Liebhaber gelten.
Wie bei einem Eisberg kann man auch von der Klitoris nur die Spitze sehen. Von der Klitorishaube geschützt, sieht sie wie eine winzigkleine rosige Erbse aus. Wenn eine Frau sexuell erregt ist, füllt sich die Klitoris mit Blut – was ja auch beim Penis des Mannes geschieht – und kommt ein wenig aus ihrer Haube hervor.
Die Stimulierung der Klitoris bringt eine Frau zum Orgasmus. Der männliche Penis zieht beim Eindringen in die Scheide an den kleinen Schamlippen und erregt die Klitoris, indem er ihr Häubchen hin- und herbewegt. Auch indem sich das männliche Schambein an der Klitoris reibt,

kommt die Frau zur Erregung. Aber glauben Sie ja nicht, Sie müßten wie toll an einer Frau herumreiben, damit sie den Höhepunkt erreicht. Wenn Sie ihre Klitoris vor dem Geschlechtsverkehr stimulieren, wird der natürliche Kontakt völlig ausreichen.

Und wie finden Sie die Klitoris ohne Wegführer? Zumal, wenn manche Frauen selbst nicht genau wissen, wo sich ihre Klitoris befindet und wie sie funktioniert?

Die Klitoris befindet sich am oberen Ende der Geschlechtsorgane, direkt im Zentrum, zwischen den großen Schamlippen. Sie fühlt sich an wie ein weicher Fleischwulst mit einer Einkerbung darin und liegt genau über den kleinen Schamlippen.

Am leichtesten läßt sich die Klitoris stimulieren, indem Sie den Wulst hin- und herreiben. Sie können spüren, wie er unter Ihren Fingern hin- und hergleitet. Sie können auch Ihren Finger in die Kerbe stecken und dann sanft die kleine Klitorishaube in Richtung ihres Nabels reiben oder nach oben ziehen. Dafür wird Ihre Partnerin Sie auf ewig lieben.

Viele Frauen werden Ihnen ohnehin ein bißchen helfen, wenn Sie sich der Klitoris nähern. Selbst ein etwas unbeholfener Versuch wird sie erregen, und es wird auch in ihrem Interesse sein, daß Sie die richtige Stelle finden. Achten Sie auf jede Bewegung Ihrer Partnerin, denn fast instinktiv wird sie versuchen, Ihre Hand auf die Klitoris zu legen.

Die Vagina

Es ist ein Fehler, sich die Vagina (oder Scheide) als ein Loch vorzustellen. Die Vagina ist ein hohler Muskelring und ungefähr zehn Zentimeter lang. (Und die ganze Zeit über haben Sie sich Sorgen gemacht, ob Ihr 15-Zenti-

meter-Penis wohl lang genug sei, um Ihre Partnerin zu befriedigen! Er ist mehr als lang genug.)

Die oberen und unteren Enden der Vagina sind am engsten. Die Scheidenöffnung ist zum Teil von den *labia minora*, den kleinen Schamlippen, bedeckt, die sich während des Geschlechtsverkehrs prall mit Blut füllen. Bei den meisten Jungfrauen – den Frauen, die noch keinen Verkehr hatten – ist die Scheidenöffnung teilweise von einem dünnen Häutchen, dem Hymen (auch Jungfernhäutchen genannt), geschlossen. Heutzutage wird das Hymen oft schon perforiert, wenn ein Mädchen beginnt, Tampons zu benutzen.

Die Zervix (Gebärmuttermund) der Gebärmutter (Uterus) ist mit dem vorderen Teil des Scheideninnenendes verbunden. Die Zervix ist eine feste, pilzförmige Rundung. Die kleine Einkerbung in ihrer Mitte ist eine Öffnung, die zur Gebärmutter führt, dem Ort, wo die Befruchtung stattfindet.

In der Scheide selbst sind keine Drüsen. Der Schleim, der die Scheidenhöhle gleitfähig macht, fließt größtenteils vom Uterus durch die Zervix. Dennoch produzieren die Zellen in der Schleimhaut eine begrenzte Menge Milchsäure, die die Samenfäden auf ihrem Weg in den Uterus nähren.

Wenn eine Frau zum Höhepunkt kommt, ejakuliert sie nicht in derselben Weise wie ein Mann. Mit zunehmender Erregung wird mehr Scheidenflüssigkeit abgesondert. Beim Orgasmus ziehen sich die Muskeln der Scheideninnenwände rhythmisch zusammen, wobei die Intensität von der Stärke dieser Muskeln abhängt. Damit gelangt Gleitflüssigkeit aus der Scheide, was wie eine Art Ejakulation aussehen mag.

Sie können Ihre Partnerin dazu ermuntern, ihre Vaginalmuskeln durch Anspannen und Wiederloslassen zu stärken. Es sind dieselben Muskeln, die eine Frau benutzt, wenn sie versuchen würde, im Urinieren innezuhalten.

Wenn diese Muskeln einmal gekräftigt sind, wird allein schon das rhythmische Bewegen ihrer Vagina sie scharfmachen.

Der G-Punkt

Selbst die Ärzte, die den G-Punkt – benannt nach dem Gynäkologen Ernst Gräfenberg, der ihn 1950 erstmals beschrieb – entdeckten, wissen nicht genau, wo er ist. Er befindet sich irgendwo an der Vorderwand der Scheide, direkt hinter dem Schambein. Viel Glück beim Suchen!
Wenn Sie sich auf die Suche nach dem G-Punkt Ihrer Partnerin machen, müssen Sie sie fragen, was sie fühlt, wenn Sie an gewissen Stellen reiben. Die ganze Angelegenheit ist zu analytisch, um als das romantischste Abenteuer Ihres Lebens gelten zu können. Sie sollten es sich als eine Art Schatzsuche vorstellen. Bringen Sie eine gute Portion Humor mit, und Sie werden wahrscheinlich eine recht angenehme Stunde verleben, selbst wenn Sie ihn nie finden.

Die Brüste

Wenn man es genau nimmt, gehören die Brüste nicht zu den weiblichen Genitalien, aber sie sind sicherlich sehr erogene Zonen.
Fast jede Frau hat irgend etwas an ihren Brüsten auszusetzen: Sie sind zu klein, zu groß, zu schlaff. Ein guter Liebhaber wird seiner Partnerin versichern, daß ihre Brüste verführerisch, reizvoll, einfach *vollkommen* sind. Es ist nicht Ihre Angelegenheit – und wird es auch nie sein –, darüber zu entscheiden, ob eine Frau ihre Brüste vergrößern oder verkleinern lassen sollte. *Sie* können morgen aus ihrem Leben verschwinden, doch mit ihren Brüsten wird sie immer leben.
Auch sollten Sie wissen, daß die Brüste der meisten Frauen

nicht ganz gleich aussehen. Die eine ist ein wenig größer als die andere oder leicht unterschiedlich geformt.
Wenn Sie die Brüste Ihrer Partnerin liebkosen, küssen oder an ihnen saugen, dann achten Sie darauf, wie sie reagiert. Für manche Frauen ist das ein äußerst erotisches Gefühl, ähnlich dem Berühren der Klitoris. Für andere ist es, als reibe man an ihrem Ellbogen. Das weiß ich aus Erfahrung!
Die Brüste reagieren empfindlich auf starkes Zusammendrücken, Kneten oder Quetschen. Nur wenige Frauen werden Genuß daran finden, wenn ihre Brüste unsanft angefaßt werden und man daran herumzerrt und hineinbeißt. Bei den übrigen wird eine solche Berührung die Stimmung schneller auf den Tiefpunkt bringen als irgend etwas sonst. Vergessen Sie nie, auf *ihre* Reaktionen zu achten. Lassen Sie sich nie von Ihrer eigenen Lust übermannen, ehe Sie sicher sind, daß auch sie es genießt.

Die Menstruation

Es spricht nichts dagegen, daß Sie mit Ihrer Partnerin schlafen, während sie menstruiert. Die Monatsblutung besteht nicht aus reinem Blut, sondern ist vermischt mit gewöhnlicher Gebärmutterflüssigkeit, die sich immer in der Vagina befindet. Die Monatsblutung ist eine ganz natürliche Körperfunktion, und Sie werden Ihrem Ziel viel näher kommen, wenn Sie alle körperlichen Aspekte Ihrer Partnerin akzeptieren.
Manche Frauen fühlen sich zu dieser Zeit besonders stark erregt. Und die Muskelkontraktionen während des Verkehrs und des sexuellen Höhepunkts können tatsächlich die Menstruationskrämpfe lindern.
Legen Sie ein Handtuch unter, wenn Sie um Ihre Laken fürchten. Und genießen Sie ein schlüpfriges Vergnügen!

Ihr Körper

Jetzt wissen Sie ein wenig mehr über die Funktionen des weiblichen Körpers – aber Sie müssen ebenfalls die Abläufe in Ihrem eigenen Körper verstehen. Auch Ihrer Partnerin könnte es zugute kommen, wenn sie darüber Bescheid weiß.

Der Samen

Der Samen ist eine zähe Flüssigkeit, die hauptsächlich aus Eiweiß besteht und während der sexuellen Erregung und der anschließenden Ejakulation durch die Harnröhre abgesondert wird. Er enthält ebenso Sperma, das der Körper in beiden Hoden erzeugt.

Samenflüssigkeit kann in dem Moment aus dem Penis sickern, wo Sie erregt sind. Das sollten Sie nicht vergessen, denn Sie können Ihre Partnerin schwängern, selbst wenn Sie keinen Orgasmus haben.

Ihr Penis

Der Penis ist im wesentlichen ein Schlauch aus porösem Gewebe, das sich mit Blut füllt, wenn ein Mann sexuell erregt ist. Die pflaumenförmige Penisspitze – oder Eichel – hat hypersensible Nervenenden.

Von geringen Abweichungen abgesehen wird Ihre Partnerin nicht viel Unterschied zwischen Ihrem Penis und denen anderer Männer feststellen können. Die Form ist nun einmal da, und ohne daß ein anderer zum Vergleich da ist, scheinen zwei Zentimeter mehr oder weniger wirklich keinen Unterschied zu machen. Der Durchschnittspenis im erigierten Zustand ist etwa 15,5 Zentimeter lang.

Wenn Sie mit einer Frau schlafen, ist es natürlich besser, wenn Ihr Penis genau in die Vagina dieser Frau paßt – um

so größer wird Ihr Vergnügen sein. Aber Probleme, die ein Penis verursacht, der zu groß für eine Frau ist, sind einschneidender als die, welche ein kleiner mit sich bringen kann.
Die andere Hauptsorge gilt gewöhnlich der Stärke und Dauer der Erektion. Ihre Erektion hängt nicht allein vom Funktionieren Ihres Penis ab – sie basiert letztlich auf Ihrer geistigen und emotionalen Verfassung. Die drei wichtigsten Erektionsprobleme werden im Folgenden behandelt.

Vorzeitiger Samenerguß

Es gibt keine zeitliche Begrenzung, die bestimmt, wann ein Samenerguß vorzeitig ist. Sie ejakulieren dann vorzeitig, wenn Sie *meistens* zum Orgasmus kommen, ehe Ihre Partnerin einen Höhepunkt haben kann. Obwohl das nicht unbedingt jedesmal der Fall sein muß, wird Ihre Partnerin nicht gerade begeistert sein, wenn sie nie ausreichend Gelegenheit für einen Orgasmus bekommt.
Wenn Ihre Partnerin normalerweise keine Orgasmusprobleme hat, ist es an Ihnen, etwas zu unternehmen. Möglicherweise müssen Sie Ihre Partnerin bloß mehr streicheln und berühren, auch wenn Sie nicht beabsichtigen, mit ihr zu schlafen. Umarmen Sie sie, machen Sie ihr zärtliche Massagen, schmusen Sie mit ihr. So werden Sie gar nicht sofort zum Höhepunkt kommen wollen.
Gewöhnlich brauchen Sie nur etwas Übung und Training, um den vorzeitigen Samenerguß zu verhindern. Vielleicht müssen Sie nur Ihre Vorstellungen vom Sex ändern und einfach den Entschluß fassen, nicht so schnell zu kommen. Auch können Sie ungefähr eine Stunde, bevor Sie Verkehr haben, masturbieren. Oder Sie könnten lernen, den Samenerguß zu beherrschen, indem Sie masturbieren, bis

Sie fast den Höhepunkt erreichen – dann innehalten, bis Sie ihn unter Kontrolle haben – und dann weitermachen, bis Sie fast zum Höhepunkt kommen, dann wieder innehalten. Sie können Ihre Muskeln, die Sie für die Ejakulation brauchen, kräftigen, so wie Ihre Partnerin die Vaginamuskeln kräftigen kann. Es sind dieselben Muskeln, mit denen Sie den Harnfluß stoppen können. Sie könnten auch ein Kondom tragen, das Ihren Penis unempfindlicher macht. Es gibt jede Menge Möglichkeiten. Probieren Sie einfach ein paar aus.

Wenn die Erektion schwächer wird …

Was tun Sie, wenn Sie gerade beim Geschlechtsverkehr sind und Ihr Glied schlaff wird? Wenn Sie wie die meisten Männer sind, dann konzentrieren Sie sich und versuchen Sie weiterzumachen, wobei Sie Ihren Penis – wenn nötig – in der Scheide Ihrer Partnerin manipulieren.

Doch machen Sie sich deswegen keine Gedanken. Die meisten Frauen verstehen, daß Ihre Erektion nicht vollständig Ihrem Willen unterworfen ist und durch irgendeine geringfügige Störung beeinträchtigt werden kann. Denn daß eine Erregung vorzeitig abklingt, passiert nicht nur Männern.

Jede Frau hat schon einmal erlebt, daß sie zu irgendeinem Zeitpunkt während des Verkehrs aus unerklärlichen Gründen plötzlich keine Lust mehr verspürte. Es kann ein störendes Geräusch, ein plötzlicher Gedanke oder eine schmerzhafte Bewegung sein. Aber Frauen sind imstande, da zu bluffen, wo es Männern nicht möglich ist, und Ihre Partnerin weiß das wohl!

Also versuchen Sie's erst gar nicht. Glauben Sie mir, keine läßt sich da täuschen. Statt es zu ignorieren oder sich zu schämen, sollten Sie ganz offen mit Ihrer Partnerin reden.

Ganz unvermeidlich wird sie als erstes denken, sie hätte etwas falsch gemacht oder wäre nicht attraktiv genug. Sie wird Ihnen für jede Erklärung dankbar sein – die da lauten kann, daß Sie zu viel getrunken haben oder sich aus welchem Grund auch immer nicht konzentrieren können; jede Erklärung ist viel, viel besser als Schweigen.
Obwohl Alkohol die Begierde eines Mannes steigern kann, beeinträchtigt er fast immer die Erektionsfähigkeit. Narkotika und Beruhigungsmittel haben dieselbe Wirkung.
Wenn Sie fortgesetzt nicht in der Lage sind, eine Erektion zu halten, sollten Sie einen Arzt aufsuchen. Unter Umständen gibt es körperliche Gründe für Ihr Problem.

Impotenz

Über gelegentliche Impotenz sollten Sie sich keine Sorgen machen. Sie ist nur eine natürliche Konsequenz eines sehr komplizierten Aktes, der sowohl von körperlichen wie seelischen Faktoren abhängt.
Wenn das Problem chronisch wird, ist es das Wichtigste, herauszufinden, warum Sie impotent sind. Es könnte sein, daß Sie einfach Angst vor irgend etwas in Ihrem Sexualleben oder in der Beziehung zu Ihrer Partnerin haben. Es könnten auch Streß, Müdigkeit sein, familiäre Probleme oder Knatsch bei der Arbeit. Es könnte seine Wurzeln auch in Ihrer Einstellung zum Sex haben. Es könnte ein gesundheitliches Problem sein.
Die möglichen Gründe müssen Sie selbst herausfinden. Sie können nicht ignorieren, was mit Ihnen los ist, und nur darauf hoffen, daß es vorübergehen wird. Sprechen Sie mit Ihrer Partnerin darüber. Sie sollte Sie eigentlich recht gut kennen. Sprechen Sie gegebenenfalls auch mit Freunden und Ihrer Familie darüber. Gehen Sie zum Arzt.
Wenn Sie alle Möglichkeiten durchgehen und wirklich kei-

nen Grund aufspüren können, gibt es immer noch etwas, das Sie tun können – eine kleine Haus-Sex-Therapie. Sie und Ihre Partnerin sollten übereinkommen, vier Wochen lang keinen Geschlechtsverkehr zu haben. So lautet die Regel, und Sie beide müssen sich daran halten, auch wenn Sie während dieser Zeit ansehnliche Erektionen bekommen. Sie sollten beide schmusen und sich streicheln, auch Ihren Penis – selbst wenn er nicht reagiert. Helfen Sie ihr, mit Cunnilingus und Masturbation zum Höhepunkt zu kommen. Sie werden finden, daß es eine Menge lustvoller Möglichkeiten gibt, die keiner Erektionen bedürfen. Um eine Erektion zu halten, genügt es normalerweise zu wissen, daß nicht alles von ihr abhängt.

Die äußere Erscheinung

Für Frauen lauten die zwei Grundaspekte, die bei der Erscheinung eines Mannes zählen: »Ist er einigermaßen fit?« und »Ist er sauber?«
Ich bin sicher, Ihnen selbst ist durchaus klar, daß Sie viel mehr vom Sex haben, wenn Sie gut in Form sind. Sie werden Ihre Orgasmen nicht so sehr genießen können, wenn Sie immer stark schwitzen und völlig außer Atem sind. Aber viel wichtiger als zu wissen, in welcher Rekordzeit Sie einen Kilometer zurücklegen können, ist es Ihrer Partnerin, daß Sie körperlich sauber sind. Einwandfreie Hygiene ist unentbehrlich.

Ein gepflegtes Äußeres

Es dürfte heutzutage eigentlich nicht mehr notwendig sein, körperliche Sauberkeit anzumahnen. Aber anders als Frauen werden Männer von der Gesellschaft

oder ihresgleichen nicht darauf hingewiesen, daß ihr Geruch oder die Pflege ihrer Hände in irgendeiner Weise wichtig sind. Frauen sind diese Dinge aber nicht gleichgültig. Sie stellen sich Fragen wie: Welches Deodorant ist am wirkungsvollsten? Sollte ich eine Scheidenspülung vornehmen oder ein Hygienespray verwenden? Sind meine Haare so sauber, wie sie sein sollten? Wie ist mein Make-up?

Eine Frau reagiert sensibel auf all das und wird sofort bemerken, wenn ihr Partner nachlässig mit seiner äußeren Erscheinung ist. Die Maßstäbe, die Ihre Partnerin an Ihr Äußeres legt, mögen Ihnen übertrieben vorkommen – aber wenige Dinge können eine Frau schneller vertreiben als schlechter Mundgeruch, starker Körpergeruch, schmutzige Hände und ungewaschene Füße oder Geschlechtsteile. Bartstoppeln können schlichtweg *schmerzhaft* sein. Darüber dürfen Sie einfach nicht hinwegsehen, wenn Sie mit Ihrer Partnerin eine aufregende Nacht verbringen wollen.

Körperbau (Er)

Im allgemeinen legen Männer mehr Wert auf die äußere Erscheinung ihrer Gefährtinnen, als Frauen das bei ihren Partnern tun.

In der Beziehung zu Ihrer Partnerin wird Ihr Charakter eine größere Rolle spielen als Ihre äußere Erscheinung. Selbst wenn Sie nun nicht gerade ein Adonis sind, werden ein paar »Schönheitsfehler« durch ein gesundes Selbstbewußtsein in den Schatten gestellt. Ehrlichkeit, Großzügigkeit, Feinfühligkeit, Sinn für Humor, Intelligenz, Phantasie, Mut, Mitgefühl und Vertrauen sind Eigenschaften, die eine Frau bei einem Mann reizvoll findet und schätzt. Und entgegen dem herkömmlichen Männermythos sind

Ihre sportlichen Fähigkeiten keineswegs ein Garant dafür, daß Sie Ihre Gefährtin scharf im Bett machen. Wenn Sie tatsächlich ein Sportfanatiker sind, sollten Sie sich besser eine Partnerin suchen, auf die das ebenso zutrifft. Wenn Ihre Partnerin kein Gymnastikfan ist, wird Sport bei ihr auch nicht sehr hoch im Kurs stehen. Sie könnte es Ihnen sogar übelnehmen, wenn Sie viel Zeit auf Ihr Training verwenden.
»Gut in Form« für den Sex zu sein – dafür genügt es, ein normales, ausgeglichenes Leben zu führen, das körperliche Aktivitäten wie Teamsport, Radfahren, Wandern, Joggen oder Schwimmen mit einschließt.

Körperbau (Sie)

Viele Frauen wünschen sich, die Männer schenkten ihrem Charakter und ihrer Intelligenz ebensoviel Beachtung wie ihrer äußeren Erscheinung. Aber man muß einräumen, daß Frauen so erzogen sind, daß ein gut Teil ihres Selbstwertgefühls auf ihrer äußeren Erscheinung basiert. Dieser Widerspruch bleibt bei vielen Frauen ungelöst. Dem müssen Sie Rechnung tragen.
Frauen möchten gelobt werden – schließlich haben sie sich ziemlich angestrengt, um gut auszusehen. Wenn Sie Ihrer Partnerin keine Komplimente machen, wird sie das wohl oder übel registrieren, und daraus werden Spannungen entstehen.
Sie können Ihre Partnerin ganz leicht vergraulen, wenn Sie ihr sagen, sie sei fett oder schwabbelig, müsse ihre Haare färben oder mehr Make-up auftragen. Ihre Partnerin weiß genau – besser als Sie –, wie sie aussieht. Sie müssen sicher sein, daß Sie eine haltbare Beziehung führen, ehe Sie es wagen dürfen, ihr Äußeres zu kritisieren. Schmeicheln Sie ihr jedesmal, *bevor und nachdem* Sie einen Rat für eine mögliche Veränderung geben.

Verhütung

Nehmen wir einmal den schlimmsten Fall an: Ihre Partnerin ist schwanger. Wollen Sie das wirklich? Wenn nicht, sollten Sie besser Ihren Teil der Verantwortung für die Verhütung übernehmen.

Über Verhütung zu sprechen war früher schwieriger als heute. Die heikle Frage: »Hast du einen Empfängnisschutz?« mitten in einem Schäferstündchen mit einer neuen Geliebten setzt manche Männer matt.

Aber im Zeitalter von Aids ist diese Frage fast irrelevant geworden. Sie sollten immer ein Kondom tragen, wenn Sie mit Ihrer Partnerin schlafen, außer wenn Sie eine strikt monogame Beziehung führen. Mit so etwas sollten Sie nicht leichtfertig umgehen.

Wenn Sie in einer monogamen Beziehung leben und beide HIV-negativ sind, existieren – neben dem Kondom – noch andere Verhütungsmethoden. Selbst heute gibt es immer noch Männer, die davor zurückschrecken, über Verhütung zu reden, weil es ihnen angeblich die »Stimmung« verdirbt! Das ist die verantwortungsloseste und selbstsüchtigste Haltung, die ein Mann einnehmen kann, und Ihre Partnerin wird sicher dasselbe denken.

Über Verhütung zu reden ist für Frauen kein anstößiges Thema, noch werden sie es als Einmischung in ihre Privatsphäre auffassen. Immerhin handelt es sich um das Intimste, das zwischen zwei Menschen möglich ist. Und die Wahl Ihres Verhütungsmittels wird mit Sicherheit Folgen auf Ihre sexuelle Beziehung haben. Sie sind es sich schuldig, gemeinsam darüber zu reden.

Das Kondom

Das Kondom ist in der Epoche von Aids *das* Verhütungsmittel der Wahl. Nehmen Sie sich Zeit, eine Kondomsorte zu finden, die Ihnen angenehm ist. Manche Sorten sind dünner als andere, manche sind mit Puder und Gleitsubstanz ausgestattet. Man kann sie in verschiedenen Farben, unterschiedlicher Struktur und sogar in mehreren Größen bekommen.
Ein Kondomtyp, den Sie kennen sollten, ist das Natur-Kondom aus Schafsdarm. Schafsdarmkondome können fast dreimal so teuer wie Latex-Kondome sein, aber sie sind aus natürlichem Material und hochempfindlich und glatt. Doch da sie nicht aus synthetischem Stoff sind, ist nicht zweifelsfrei geklärt, ob sie gegen das Aids-Virus schützen. (Zum Thema Kondome siehe auch das Kapitel über Aids.)

Die Antibabypille

Für viele Frauen ist sie die bevorzugte Verhütungsmethode. Wenn Ihre Partnerin die Pille nimmt, dann tut sie das jeden Tag. (Die Pillen, die auf die Tage fallen, an denen sie ihre Periode hat, sind Placebos, damit sie ihre Gewohnheit nicht unterbricht.)
Empfängnisverhütende Pillen enthalten Hormone, die eine Schwangerschaft vortäuschen und damit das Heranreifen eines Eifollikels im Eierstock und einen Eisprung verhindern. Zu den negativen Nebenwirkungen gehören eventuelle Gewichtszunahme, empfindliche Brüste, Kopfschmerzen oder Brechreiz oder – noch schlimmer – Blutgerinnsel und Schlaganfälle. Auch pro-

duziert der Körper der Frau dann zuweilen weniger Scheidenflüssigkeit.
Die positiven Nebenwirkungen bestehen darin, daß die Pille Menstruationskrämpfe mindern kann, die Blutung weniger stark ist und hormonelle Schwankungen ausgeglichen werden – letztere sind besser bekannt als PMS (Prämenstruelles Syndrom).
Manche Frauen haben eine Aversion gegen die Pille, weil sie so stark in die Mechanismen ihres Körpers eingreift. Nie sollten Sie Ihre Partnerin dazu drängen, die Pille zu nehmen, weil Sie vielleicht finden, es sei dann leichter oder angenehmer für Sie; die Entscheidung bleibt allein Ihrer Partnerin vorbehalten.

Das Diaphragma

Das ist ein steifer Gummiring aus einer Metallfeder, mit etwa 5 bis 10 Zentimetern Durchmesser und einer weichen Gummiwölbung in der Mitte. Er paßt über den Muttermund (Zervix) und hindert das Sperma daran, in die Gebärmutter einzudringen. Der Diaphragmarand muß vor dem Einsetzen mit einer samenabtötenden Creme oder einem Gel bestrichen werden, damit keine Samenzellen den Muttermundkanal hochwandern.
Das Diaphragma sollte frühestens sechs Stunden nach dem Geschlechtsverkehr herausgenommen werden. Vor dem nächsten Verkehr muß mit einem Applikator erneut Spermizid nachgefüllt werden. Es ist sowohl aus hygienischen Gründen als auch wegen der Notwendigkeit, frisches Spermizid zu verwenden, für Ihre Partnerin unmöglich, ihr Diaphragma immer zu tragen und damit stets für den Sex bereit zu sein.

Zervixkappen sind einfach kleinere Ausführungen des Diaphragmas. Es ist wichtig, daß Zervixkappen genau angepaßt werden, da sie mit einer Art Saugwirkung – einer Adhäsionskraft – direkt auf der Zervix festgehalten werden. Gewöhnlich verwendet man bei Zervixkappen kein spermatötendes Gel, deshalb »schmieren« sie weniger als Diaphragmen. Doch sind Zervixkappen schwieriger einzusetzen und herauszunehmen.

Wenn Sie das Diaphragma – oder die Zervixkappe – Ihrer Partnerin spüren können, *sagen Sie es ihr*. Es könnte sein, daß es nicht mehr richtig sitzt und ihr deshalb keinen Empfängnisschutz mehr gibt. Sie merken das unter Umständen früher als Ihre Partnerin.

Intrauterinpessar oder Spirale

Bei dieser Methode wird ein kleines Kupfer- oder Kunststoffpessar durch die Zervixöffnung in die Gebärmutter eingesetzt (das muß ein Arzt vornehmen). Es kann zum Beispiel wie eine Spirale oder wie ein T geformt sein. Es hindert ein befruchtetes Ei daran, sich in der Uteruswand einzunisten.

Probleme mit einem Intrauterinpessar können entstehen, wenn es die Gebärmutterwand durchstößt oder wenn es nach dem Einsetzen zu einer Infektion kommt. Gelegentlich kommt der Penis mit dem kleinen Faden in Berührung, der am unteren Ende des Pessars befestigt ist und aus dem Muttermund heraushängt. Das spüren Sie garantiert!

Coitus interruptus

Riskante Geschichte. Denn Sperma sickert aus dem Penis, ehe der Mann tatsächlich ejakuliert. Selbst das winzigste Tröpfchen kann eine Frau schwanger machen.
Auch werden Sie so viel an das Kontrollieren Ihrer Ejakulation und den rechtzeitigen Rückzieher denken, daß Sie und Ihre Partnerin den Sex gar nicht voll genießen können. Sie wollen sich beim Geschlechtsverkehr ganz hingeben und darin verlieren und nicht ständig darüber nachdenken, wie lange Sie Ihren Penis noch drin lassen dürfen.

Rhythmusmethode (Knaus-Ogino)

Nach dieser Methode darf man nur an bestimmten Tagen im Monat Sex haben, dann nämlich, wenn die Frau nicht fruchtbar ist. Manche Frauen benutzen dabei eine ziemlich komplizierte Kombination aus Temperaturmessen und Beobachtung des Zervikalschleims. Andere schätzen einfach anhand ihres Menstruationszyklus ab, wann sie ihren Eisprung haben werden – ungefähr vierzehn Tage nach dem Beginn der letzten Periode.
Statistiken zeigen, daß Benutzerinnen dieser Methode mehr Kinder gebären als Benutzerinnen anderer Verhütungsmethoden.

Aids

Aids ist schuld daran, daß Sex heutzutage leider mit Tod und Krankheit assoziiert wird. Der einzige Weg sicherzugehen, daß Sie Ihr Sexvergnügen voll auskosten, ohne es später bereuen zu müssen, ist, dieses Thema positiv anzugehen.

Wie können Sie Aids bekommen?

Sie sind es sich selbst schuldig, die Wahrheit über Aids zu erfahren. Jeder Mensch kann Aids bekommen. Es genügt nicht, »Risikogruppen« – wie Bisexuelle, Homosexuelle und Drogenabhängige – zu meiden. Aids hat sich in allen Teilen der Gesellschaft ausgebreitet, unter Männern wie unter Frauen.
Faktisch gesehen überträgt sich das HIV-Virus nicht so leicht. Alltägliche Sozialkontakte – wie Toilettensitze, Türklinken, Berührungen, Schweiß, Händeschütteln und Niesen – können als Überträger ausgeschlossen werden. Zu Aids-Infektionen kommt es da, wo Körperflüssigkeiten ausgetauscht werden. Das Virus ist in Blut, Samen, Vaginalschleim, Urin, Muttermilch, Speichel und Tränen gefunden worden. Gewöhnlich genügt der Schutz Ihrer Haut, um das Virus am Eindringen zu hindern. Doch wenn eine dieser Flüssigkeiten mit einer Ihrer eigenen Körperflüssigkeiten in Berührung kommt, ist das Infektionsrisiko sehr hoch.
Obwohl winzige Mengen des Aids-Virus im Speichel gefunden worden sind, wird Küssen nicht als Risikofaktor bei der Aids-Übertragung angesehen. Zumindest ist der Fall einer derartigen Ansteckung noch nicht bekannt ge-

worden. Wenn Sie immer noch beunruhigt sind, dann sollten Sie Zungenküsse besser vermeiden.
Die Flüssigkeiten, die ein hohes Risiko mit sich bringen, sind Blut und Samen und – in geringerem Maße – Vaginalschleim. Wenn Ihre Haut in irgendeiner Weise beschädigt ist (an den Genitalien oder an anderen Körperstellen), können Aids-Viren eindringen. Es ist leichter, Aids beim Analsex weiterzugeben, da die Innenwände des Anus empfindlicher sind als die dicken Vaginawände. Doch bekommen auch die Vaginawände während des Geschlechtsverkehrs winzige Risse. So hat das Aids-Virus einen direkten Zugang zum Blutkreislauf. Das gilt auch für Sie. Ist Ihr Penis wundgerieben oder ist die Haut in irgendeiner Weise angegriffen, findet das Virus Einlaß in den Blutkreislauf.
Experten empfehlen, keinen Sex zu praktizieren, der unsanft und gewaltsam ausgeführt wird. Und vermeiden Sie es, sperrige Gegenstände in Vagina oder Anus einzuführen!

Kondome

Benutzen Sie ein Kondom – ganz einfach.
Manche Männer sagen, es beeinträchtige die körperliche Empfindung und bringe ihr Timing durcheinander. Aber solche Männer versuchen nicht wirklich, ein Kondom zu finden, das ihnen genehm ist.
Sie dürfen Kondome nicht mehr als notwendigen, aber unerfreulichen Teil Ihres Sexuallebens betrachten. Das richtige Kondom für Sie kann einen Unterschied zwischen miserablem, schlechtem und ungeheuer intensivem Sex bedeuten.
Manchen Männern, die zu schnell ejakulieren, kann ein Kondom helfen, den Vorgang hinauszuzögern, was ein Gewinn für den Sex ist. Manche Männer haben Kondome

mit Gleitmittel gern – sie sind so wunderbar schlüpfrig, so sensationell glitschig-feucht! Andere Männer mögen Kondome mit Rippen oder Noppen, wegen der zusätzlichen Stimulierung. Es gibt auch farbige Kondome und, für den oralen Sex, Kondome mit Geschmack.
Wenn Sie fürchten, Ihre Sensitivität werde beim Sex beeinträchtigt, dann kaufen Sie eben dünnere Kondome! Heutzutage tummeln sich viele verschiedene Sorten auf dem Markt. Vergessen Sie nicht, daß manchen vom Bundesgesundheitsamt eine geringere Schutzqualität zugesprochen wird als den dickeren Latex-Kondomen; aber auch dann haben Sie immer noch eine große Auswahl. Und ständig kommen neue Produkte auf den Markt.
Sie sind es sich selbst schuldig, verschiedene Kondomsorten auszuprobieren, um die beste für sich herauszufinden. Schließlich würden Sie nie zu einem Autohändler gehen, blindlings den nächstbesten Wagen ansteuern und sagen: »Den nehme ich.«
Sex ist etwas zu Wichtiges für Sie, als daß Sie Scheu an den Tag legen dürfen. Heutzutage ist das Wort Kondom in aller Munde – von den Zwölfjährigen bis hin zu den Achtzigjährigen. Sie tun etwas Verantwortungsvolles, also verlangen Sie erhobenen Hauptes: »Die Zwölferpackung bitte.«

Was halten Frauen von Kondomen?

Für viele Frauen hat die Benutzung von Kondomen beim Geschlechtsverkehr mehrere angenehme Nebeneffekte. Kondome sind die leichteste, gesündeste Verhütungsmethode, die es gibt, und sie verhindern die Übertragung von Geschlechtskrankheiten.
Kondome machen den Sex für Frauen hygienischer, besonders wenn sie häufig Verkehr haben. Die Vagina ist nicht so leicht zu waschen wie Ihr Penis. Und Scheiden-

duschen sind, wenn sie zu oft vorgenommen werden, für die Vaginawände schädlich und reizen sie.
Wenn Ihre Partnerin wünscht, daß Sie ein Kondom benutzen, steht es Ihnen nicht zu, nein zu sagen. Ihre Beweggründe wären ausnahmslos selbstsüchtig. Die Gründe Ihrer Partnerin beruhen auf der Sorge um Gesundheit und Hygiene. Und falls Sie sich durchsetzen und kein Kondom verwenden, wird Ihre Partnerin während des Verkehrs nicht ganz und gar »bei Ihnen« sein. Ihre Gedanken werden immer ein wenig bei dem kleinen Stück Gummi weilen, das auf dem Boden liegt, und sich mit der Frage beschäftigen, warum Sie nicht so verantwortungsbewußt sind und es überstreifen. So werden Sie Ihre Partnerin nie scharf im Bett machen.

Tips für den Kondomgebrauch

Die stille Reserve

Sie sollten immer ein Kondom bei sich tragen. Glauben Sie nicht, Ihre neue Freundin könnte deswegen denken, Sie seien sexsüchtig. Im Gegenteil, sie wird Sie für einen verantwortungsbewußten Menschen halten und hat vielleicht sogar ihren eigenen Vorrat an Kondomen in der Handtasche.
Kondome neigen dazu, auszutrocknen, besonders bei Hitze. Wenn Ihre Kondome sich brüchig oder steif anfühlen, dann werfen Sie sie weg. Die meisten Hersteller empfehlen, ein Kondom nicht mehr zu verwenden, wenn es älter als zwei Jahre ist.

Das Thema anschneiden

Vielleicht befürchten Sie, es könne die Stimmung verderben, wenn Sie auf Kondome zu sprechen kommen.

Das stimmt nicht. Im Grunde sollte es keine große Sache sein. Wenn Sie Kondome verwenden, um gefahrlos »safer Sex« zu praktizieren, ist alles viel einfacher – einfacher als die Frage: »Benutzt du einen Empfängnisschutz?« Wenn Sie kurz vor dem Eindringen sind, nehmen Sie einfach das Kondom heraus, lächeln Ihre Freundin an, womit Sie ihr zeigen, daß Sie das, was gleich kommt, kaum erwarten können, und streifen Sie es über.

Das Überstreifen

Machen Sie das Überstreifen des Kondoms zu einem sinnlichen Erlebnis! Sie sollten sich nicht auf die Seite drehen, sich zusammenkauern und es verstohlen überstreifen. *Das* zerstört die Stimmung sicherlich. Sie beide wissen, daß Sie jetzt einen Moment lang mit dem Kondom beschäftigt sind, was gibt's da also zu verstecken? Bauen Sie es ins Liebesspiel ein. Zeigen Sie Ihre Erektion. Streichen Sie über den Penis. Sie können auch die Hand Ihrer Partnerin darauf legen und ihr andeuten, es hochzurollen. Halten Sie immer den Kontakt mit Ihrer Partnerin, lehnen Sie sich gegen sie oder berühren Sie sie mit einer Hand. Viele Frauen lieben es, einem Mann dabei zuzusehen, wenn er ein Kondom überstreift. Dabei können sie die Erektion ihres Geliebten beobachten, und die Tatsache, daß sie einen Augenblick lang erwartungsvoll innehalten müssen, steigert nur ihre Begierde.

Gleitmittel

Benutzen Sie keine Gleitmittel, die auf Öl basieren, wenn Sie ein Kondom verwenden. Sie zersetzen das Kondom. Dazu gehören auch Vaseline und andere ölhaltige Mittel. Halten Sie sich an wasserlösliche Gleitmittel wie KY Jelly.

Entfernung

Wie das Überstreifen des Kondoms muß auch das Entfernen kein peinliches Ereignis sein. Sie werden dabei wahrscheinlich keine Hilfe wollen, denn Ihr Penis ist empfindlich. Aber auch jetzt gilt – weder sollten Sie sich beeilen noch auf die Seite rollen. Um ein guter Liebhaber zu sein, müssen Sie offen gegenüber allen intimen Einzelheiten sein, die in Ihrem Sexualleben vorkommen. Ihre Partnerin wird das zu schätzen wissen; auch wird dadurch Ihr Vertrauen zueinander wachsen.

Aids-Tests

Sie können einen Bluttest machen lassen, der die Anti-Körper feststellt, die anzeigen, daß Sie Aids ausgesetzt waren. Ihr letzter sexueller Kontakt muß mindestens drei Monate zurückliegen (oder Sie müssen eine *rein* monogame Beziehung führen, in der beide Partner auf HIV-Viren getestet worden sind). Ihr Körper braucht Zeit, um nach dem Kontakt mit Aids Anti-Körper zu bilden. Manche Leute bilden erst ein Jahr nach dem Kontakt Anti-Körper.

Manche Leute haben Angst vor dem Aids-Test. Sie finden, es sei leichter, mit der Furcht als mit der Wahrheit zu leben. Doch wenn die Angst vor Aids Ihr Leben vergiftet – wenn Sie Augenblicke größter Panik und des Selbsthasses erleben oder ganz kopflos werden, falls Sie erkranken –, dann sollten Sie den Test durchführen lassen. Selbst wenn man das Virus hat, kann man eine Menge Dinge tun und gesund und glücklich leben. Das ist besser, als den gewaltigen Schaden in Kauf zu nehmen, den die Angst in einem Leben anrichten kann.

Es ist gut, vor der Heirat einen Aids-Test zu machen. Sie verpflichten sich zu einer langfristigen monogamen Bezie-

hung, deshalb sollte jeder Partner um die Gesundheit des anderen Bescheid wissen. Wenn einer von Ihnen Anti-Körper aufweist, bedeutet das nicht notwendigerweise, daß daraus Aids entstehen muß. Es bedeutet, daß Sie Vorsichtsmaßnahmen treffen müssen, wenn Sie miteinander verkehren, um den nicht-infizierten Partner vor Ansteckung zu schützen.

Wenn Sie glauben, Sie wären Aids ausgesetzt gewesen, oder wenn Sie zu einer der »Risikogruppen« gehören, sollten Sie den Aids-Test durchführen lassen. Sie müssen so verantwortungsbewußt sein, daß Sie das Virus nicht an Ihre Sexualpartner weitergeben.

Den Aids-Test gemacht zu haben bedeutet noch nicht, daß es von nun an gefahrlos ist, Sex zu praktizieren. Sie müssen *immer* ein Kondom benutzen, da Ihr nächster Partner infiziert sein kann. Ein einziger ungeschützter Kontakt kann das Aids-Virus übertragen.

Nur Sie allein sind für Ihre eigene Gesundheit verantwortlich. In den späten achtziger Jahren wurde mit Plakaten, auf denen die Frage stand: »Lohnt es sich, dafür zu sterben?«, vor Aids gewarnt. Stellen Sie sich selbst diese Frage. Riskieren Sie Ihre Zukunft nicht, nur weil es Ihnen lästig ist, sich zu schützen, oder weil Sie die »Stimmung nicht verderben« wollen oder weil Sex ohne Kondom einfach besser ist. Das Risiko ist zu hoch und, Hand aufs Herz, ein paar Minuten Ekstase dürfen doch nicht Ihr Leben kosten!

Jetzt, in diesem Moment, wo Sie dasitzen und das Buch lesen, ist es leicht, den Entschluß zu fassen, sich immer schützen zu wollen. Doch in der Erregung des Augenblicks handeln Sie vielleicht nicht immer so rational. Treffen Sie Vorkehrungen, ehe Sie sich auf ein sexuelles Abenteuer einlassen. Das heißt, kaufen Sie Kondome, und tragen Sie immer welche bei sich.

Massage

Massage ist ein ausgezeichnetes Mittel, Ihre Partnerin zu entspannen und ihren Körper kennenzulernen. Es gibt viele verschiede Massagearten, vom *Kamasutra* bis zum modernen *Shiatsu*. Aber Sexmassage ist eine Kunst mit unendlich vielen Varianten, die jeder Situation und jedem Menschen angepaßt sein sollten.

Auch kann Sexmassage ein wunderbarer Übergang zwischen einem flüchtigen Hautkontakt und Geschlechtsverkehr sein. Ob es eine Massage ist, wobei Ihre Partnerin sitzt oder steht, oder eine, die den ganzen Körper mit einbezieht und die Frau nackt auf dem Bett liegt – Massage ist eine Gelegenheit, den anderen sanft zu stimulieren und einfühlsam zu berühren.

Denken Sie daran: Wie alles andere ist auch die Massage eine Fähigkeit, die gelernt sein will. Man muß üben, um besser zu werden. Und während Sie damit beschäftigt sind, achten Sie auf das Feedback, das von Ihrer Partnerin kommt. Wenn sie zusammenzuckt oder sich verkrampft, dann drücken oder reiben Sie zu stark. Entgegen dem herkömmlichen Glauben darf eine Massage *nicht* wehtun – besonders eine Sexmassage. Die Absicht hierbei ist, zu beruhigen und zu entspannen, und nicht, in physiotherapeutischer Manier die Muskeln zu bearbeiten.

Es gibt drei grundlegende Massagemethoden:

Das *Ausstreichen* mit dem Handteller oder den Fingern. Das kann mit leichtem oder stärkerem Druck geschehen, die Striche können kurz oder lang sein. Ausstreichen entspannt die Muskeln und verbessert den Blutfluß zu den kleinen äußeren Blutgefäßen. Auch nimmt man an, daß der Blutfluß zum Herzen damit gesteigert wird.

Drücken, das auch Kneten und Walken mit einschließt. Gedrückt werden gewöhnlich bestimmte Muskeln und Gelenke. Vergessen Sie nicht, Ihre Finger beim Drücken gestreckt und schräg zu halten. Massieren Sie die Gelenke und die großen Rückenmuskeln nur mit den Fingerspitzen.

Hackmassage, wobei die Handseiten benutzt werden, um auf die Haut zu hämmern. Das kann schnell oder langsam und in unterschiedlichen Stärken geschehen. Hackmassagen verbessern die Durchblutung.

Rückenmassage

Eine Rückenmassage kann alles sein, angefangen von einem schnellen morgendlichen Reiben, während sie gerade mit der Kaffeemaschine hantiert, bis zu einem sinnlichen Erlebnis mit gedämpftem Licht, Musik und Massageöl. Entdecken Sie zusammen mit Ihrer Partnerin die ganze Bandbreite der Rückenmassage.

Die kleine Gelegenheitsmassage

Diese Art Massage erfolgt in voller Bekleidung – und sollte ohne jeden sexuellen Beigeschmack verabreicht werden. Ihre Partnerin wird in dieser kleinen Massage Ihren Wunsch sehen, sie möge sich wohl fühlen, und sie wird Ihre Fürsorge zu schätzen wissen. Vereiteln Sie die Absicht nicht, indem Sie auf Sexualverkehr drängen.

Engagieren Sie sich bei einer Gelegenheitsmassage nicht zu stark. Bearbeiten Sie die Muskeln ihrer Schultern, des Nackens und des oberen Rückens. Pressen Sie die obere Schulterpartie mit Ihrem ganzen Handteller, während Ihre steifen Finger auf den Nacken ausgerichtet sind und Sie Daumen und kleinen Finger zusammendrücken. Reiben

Sie mit Ihren Daumen die langen, flachen Muskeln zwischen ihren Schulterblättern und entlang ihrer Wirbelsäule. Reiben Sie sanft ihren Nacken bis ins Haar hinein, wobei Sie Ihren Daumen auf die eine und die übrigen Finger auf die andere Seite legen, aber vergessen Sie nicht, Ihren ganzen Handteller – und nicht nur die Fingerspitzen – zu nehmen, bis Sie zur Schädeldecke kommen. Beim Massieren der Schädeldecke können Sie mit den Fingerspitzen fest in Kreisbewegung reiben. Sie sollte unter Ihren Händen dahinschmelzen. Beherrschen Sie sich und schließen Sie das Ganze mit einer liebevollen Umarmung ab.

Auch können Sie eine kleine Gelegenheitsmassage ins Vorspiel einbauen, aber geben Sie acht, daß das nicht immer zum Sex führt. Wenn Sie mit Ihrer Partnerin schlafen, sollten Sie ihr vorher schon einmal eine Massage gegeben haben, die nicht zum Sex führte.

Wollen Sie mit einer Massage zum Vorspiel kommen, ist es am besten, wenn Sie nebeneinander sitzen und Ihre Partnerin halb von Ihnen abgewandt ist. Sie können ihr, ganz nebenbei, eine kleine Massage vorschlagen – sagen Sie, sie wirke so müde und verspannt, Sie könnten für Abhilfe sorgen. Konzentrieren Sie sich darauf, ihr Entspannung zu verschaffen – befingern Sie sie nicht und unterlassen Sie es, zu seufzen oder zu stöhnen. Sobald ihre Muskeln ein wenig gelockert sind, wird sie sehr entspannt sein und sich nicht dagegen wehren, wenn Sie beginnen, ihren Nacken mit Küssen zu bedecken und sie von hinten zu umarmen. Sie wird sich umdrehen und Sie küssen; Sie können sie auf den Schoß ziehen und ihr das Haar aus dem Gesicht streichen, wobei Sie zärtlich auf sie hinuntersehen. Es wird Ihre Partnerin antörnen, wenn Sie sie so halten.

Rückenreiben

Ihre Partnerin sollte ausgestreckt daliegen, damit Sie ihren Rücken sowohl drücken als auch kneten und streichen können. Beginnen Sie an einer Seite; knien oder stehen Sie dabei neben ihrer Hüfte, anstatt rittlings auf ihr zu sitzen. Es ist gut, eine Lotion oder ein Öl zu benutzen – und wenn Sie können, verwenden Sie die Sorte, die sie mag. Frauen sind sehr sensibel für alles, was ihre Haut aufnimmt; es ist wesentlich, wie es sich anfühlt und wie es riecht.

Reiben Sie zuerst die obere Rückenpartie und den Nacken, da sich hier offensichtlich alle Verspannungen konzentrieren. Drücken Sie den Handteller gegen den Rücken – aber nicht zu fest! –, und reiben Sie in kleinen Kreisen. Folgen Sie den Körperkonturen, und Sie werden die Muskeln unter der Haut spüren, die Sie dann drücken und kneten können. Und vergessen Sie nicht, den Nacken ins Haar hinein zu massieren; das ist ein sehr entspannendes Gefühl.

Nachdem Sie ausführlich ihre obere Rückenpartie massiert haben, arbeiten Sie sich nach unten. Folgen Sie auch hier ihren Körperumrissen. Halten Sie sich nicht nur an den oberen Teil, schließlich ist es ja eine Rückenmassage: Umfassen Sie ihre Taille mit den Händen, streichen Sie die Haut bis zu ihren Rippen hinauf und zu ihren Hüften hinunter. Achten Sie besonders auf die weiche Stelle zwischen ihren Hinterbacken und ihrer Taille. Reiben Sie hier vorsichtig mit beiden Daumen, wobei Ihre Finger die Hüften umfassen. Kneten Sie den unteren Rücken nicht zu stark.

Auch wenn es nicht so wichtig wie der Rücken ist – aber Sie können auch die Hinterbacken reiben. Der Muskel ist tief unter einer Fettschicht verborgen, kneten Sie also nicht

ihre Pobacken, sonst tun Sie ihr weh und irritieren sie nur. Drücken Sie fest Ihre gestreckten Finger ins Fleisch und streichen Sie in Aufwärtsrichtung – von den Oberschenkeln hoch. Machen Sie lange Striche. Die Muskeln der Schenkel liegen nah an der Haut und sind empfänglicher für die Massage. Wenn Sie nicht mit ihren Schenkeln beginnen, wird Ihrer Partnerin das Reiben des Hinterteils ein wenig albern vorkommen.

Ganzkörpermassage

Bei einer Ganzkörpermassage können und sollten Sie jeden Teil ihres Körpers berühren. Das Geheimnis liegt im Wissen darum, wie lange man bei jeder Stelle verweilt. Beginnen Sie immer mit dem Rücken, wenn Sie Ihrer Partnerin eine Ganzkörpermassage geben. Wenn Ihre Partnerin nackt daliegt und Sie mit den Zehen anfangen, wird sie sich verkrampfen und die Sache nicht wirklich genießen. Eine Rückenmassage dagegen wird sie rasch entspannen, und ihr übriger Körper wird bereitwillig folgen. Von ihren Schenkeln aus arbeiten Sie sich die Beine hinunter zu ihren Füßen vor. Wenn Sie ihre Beine reiben, dann reiben Sie nicht nur die Hinterseite. Legen Sie beide Hände um ein Bein, massieren Sie fest mit dem Handteller, und drücken Sie Ihre Daumenwurzel in Richtung der ausgestreckten Finger. Drücken Sie Ihre Fingerspitzen nicht in die Haut, außer um die Gelenke herum. Reiben Sie das ganze Stück bis zum Knie hinunter, und achten Sie besonders auf das Gelenk um die Kniescheibe herum, dann gehen Sie zurück. Widmen Sie sich dann dem anderen Bein. Von da aus arbeiten Sie sich zu den Fesseln vor – auch hier besonders fest um die Gelenke herum drücken –

dann wieder hinauf und zum anderen Bein. Wenn Sie bei den Fesseln ankommen, nehmen Sie eine in jede Hand, heben Sie sie sanft in die Höhe und ziehen Sie daran. Das hilft, die Beinmuskeln zu lockern. Dann nehmen Sie sich die Füße vor.

Wenn Sie nun hoch zu den Armen gehen, reiben Sie zuerst ein Weilchen die obere Rückenpartie. Denn das alles soll ein ganzheitlicher Vorgang sein, kein systematisches Abhaken aller Körperteile. Sie müssen nicht so viel Zeit auf die Arme verwenden wie auf die Beine. Hier werden die Muskeln nicht so oft benötigt und unterliegen nicht derselben Anspannung. Wenn Sie zum Handgelenk kommen, nehmen Sie es in eine Hand und stützen Sie sich mit Ihrer anderen Hand an ihrer Schulter ab, wobei Sie vorsichtig ziehen. Das wird die Muskeln in den Armen besser lockern als irgend etwas sonst. Dann richten Sie Ihre Aufmerksamkeit auf die Hände (siehe unten).

Reiben Sie zum Abschluß rasch noch einmal den Nacken und den Kopf.

Vordermassage

Wenn Sie wollen, daß sich Ihre Partnerin herumdreht, damit Sie ihr Brust und Bauch massieren können, sollten Sie wissen, daß selbst ein erfahrener Masseur bei einer Frau nicht so viel Zeit auf die Vorderseite verwendet wie bei einem Mann. Der Bauchbereich einer Frau ist zu empfindlich für eine feste Massage. Die meisten Männer neigen dazu, sich ohnehin auf die Brüste zu konzentrieren, die schlecht zu massieren sind. Man kann die Muskeln um die Brüste herum vorsichtig bearbeiten, aber auch hier ist eine Frau viel empfindlicher als ein Mann, und ihr Brustkorb kann die Art der Vordermassage, die für einen Mann geeignet ist, nur schlecht vertragen.

Fuß- und Handmassage

Wie bei der kleinen Gelegenheitsmassage können Fuß- und Handmassagen ohne jeglichen sexuellen Beigeschmack verabreicht werden. Es ist ein hervorragendes Mittel, Ihre Partnerin zu berühren und ihr Aufmerksamkeit zu schenken.

Hände

Nehmen Sie nach Wunsch Lotion. Üben Sie zuerst an Ihren eigenen Händen, ansonsten verstehen Sie nicht, wie Ihre Berührungen auf die Partnerin wirken.

Legen Sie Ihre Finger an die Rückseite der nach oben gedrehten Hand Ihrer Partnerin und Ihren Daumen in den Handteller. Reiben Sie Daumen und Finger sehr fest zusammen in Kreisbewegung, wobei Sie gegen den Ballen unter dem Daumen drücken. Wenn Sie die übrige Handinnenfläche Ihrer Partnerin mit dem Daumen reiben, dann tun Sie's in Richtung der Finger – so können Sie nichts falsch machen.

Sie können auch die ganze Hand der Partnerin in Ihre nehmen und den Daumen in Richtung der anderen Seite des Handtellers kneten. Beginnen Sie bei der Handwurzel, reiben Sie das Gelenk und drehen Sie es in Ihrer Hand hin und her, dann machen Sie in Richtung ihrer Fingerspitzen weiter, und drücken Sie die Finger zwischen Ihren leicht zusammen.

Legen Sie jeden Finger in das zweite Gelenk ihrer Finger, wobei Ihr Daumen an der Innenseite bleibt. Reiben Sie mit einer Kreisbewegung Daumen und Finger hin und her, und arbeiten Sie sich mit Ihrer Hand ganz bis zur Spitze vor. Ziehen Sie dabei sanft an ihren Fingern. Massieren Sie jeden Finger ein- oder zweimal.

Füße

Hier gelten dieselben Prinzipien wie für die Handmassage. Ihr Daumen sollte an der Fußsohle sein, während Ihre Finger den oberen Fuß massieren. Die Ferse ist so zu behandeln wie der Daumenballen. Ihr Spann ist empfindlicher – so wie ihr übriger Handteller – und sollte vorsichtiger massiert werden. Oberer Fußballen und Zehen sollten wie die Finger massiert werden, wobei Ihre Hände vorsichtig an den Zehen ziehen. Der große Zeh kann einen festeren Griff vertragen als die kleinen Zehen.

Massieren Sie den Knöchel an der zarten Stelle, die zwischen dem Sprungbein und oberhalb der Ferse liegt. Lassen Sie den Fuß ein wenig kreisen, das lockert die Spannung im Knöchel.

Wie auch bei ihrem Rücken wird eine gute Hand- oder Fußmassage mehr zur Entspannung beitragen als irgend etwas sonst.

Küsse und Petting

Sie hätten wohl nicht gedacht, daß Sie noch etwas über Küssen und Petting zu lernen haben, was?
Nun, da haben Sie unrecht. Küsse und Petting (gegenseitiges Streicheln zum Lustmachen) sind ein wichtiger Bestand der sexuellen Begegnung. Sie müssen die Grundlagen dafür beherrschen, ehe Sie imstande sind, Ihre Partnerin im Bett auf Touren zu bringen.

Küsse

Der Kuß ist die Schwelle zur Intimität. Wenn Ihre Partnerin sich von Ihrem Kuß abgestoßen fühlt, dann werden Sie sie nie *ins* Bett bekommen und erst recht nicht heiß machen.

Gebote und Verbote

Seien Sie beim Küssen nie grob oder zu stürmisch. Nehmen Sie sich Zeit, und benutzen Sie die Lippen so, als wären es Finger, um Lippen und Haut Ihrer Partnerin zu berühren und zu streicheln.
Spitzen Sie die Lippen nicht zu sehr. Der Reiz Ihrer Lippen besteht in der Beweglichkeit und ihrer weichen Sinnlichkeit. Doch sollten Sie wiederum Ihren Mund nicht weit öffnen und auf ihren »draufpflastern«.
Ihre Küsse dürfen nicht zu naß sein. Es ist für eine Frau nicht sehr erotisch, wenn sie sich danach das Gesicht abwischen muß. Das gilt für das Küssen aller Körperteile sowie für »Mund-zu-Mund«.
Und zum Schluß: Konzentrieren Sie sich nicht auf Ihre Zunge. Ein Kuß ist vornehmlich ein Lippenkontakt. Wenn

Sie auf Ihre Partnerin losgehen, als wollten Sie mit der Zunge in sie eindringen, wird sie nicht begeistert sein. Wenn Sie meinen, Ihre sämtlichen Zungentechniken auf einmal demonstrieren zu müssen, wird sie das Gefühl haben, ein Fisch zapple in ihrem Mund herum. Bringen Sie Ihre Zunge immer behutsam zum Einsatz.

Küsse auf den Körper

Küsse auf den Hals können sehr erregend sein. Hier ist wirkliches Küssen angebracht – nicht Saugen. Nur wenige Menschen haben es gerne, einen Knutschfleck zu bekommen und ihn als Mal der Erinnerung an sexuelle Aktivitäten der vergangenen Nacht mit sich herumzutragen. Küssen Sie sanft, ziehen Sie Ihre Zunge unter ihr Kinn und um den Hals herum, bis unters Ohr. Sie können auch Ihre Lippen vom Mund Ihrer Partnerin bis zu den Brüsten gleiten lassen.

Wenn Sie zu den Ohren kommen, sollten Sie ganz langsam vorgehen, um sicher zu sein, daß Ihre Partnerin das mag. Für manche Frauen ist es die unangenehmste, unerotischste Sache der Welt, eine nasse Zunge im Ohr zu haben. Verderben Sie die Stimmung nicht, indem Sie die Reaktionen Ihrer Partnerin mißachten.

Eine Stelle, die sich sehr gut zum Küssen eignet, jedoch oft vernachlässigt wird, ist die Hand Ihrer Partnerin. Hand und Finger sind voller feiner Nerven und daher für Küsse besonders empfänglich. Sie können den Handteller und das innere Handgelenk küssen; lecken oder saugen Sie sanft an ihren Fingern; drücken Sie die Rückseite der Hand gegen Ihre Lippen. Das Schöne am Handküssen ist, daß es zu jeder Zeit getan werden kann; Sie sollten reichlich davon Gebrauch machen.

Andere sensible Zonen, die Sie mit einem Kuß bedenken

können, sind die Armbeuge Ihrer Geliebten, ihr Bauchnabel, die Innenseite ihrer Schenkel, die Kniekehlen und Füße, die bloßen Schultern …

Petting

Gutes Petting zielt nicht nur auf den Genitalbereich ab. Sie besitzen einen großen, wunderbaren Körper, den Sie einzusetzen haben. Petting können Sie mit oder ohne Kleider machen; Sie sollten es immer mit Küssen verbinden.

In Kleidern

Es hat einen gewissen Reiz, sich gegenseitig zu streicheln und zu küssen, während beide Partner noch angekleidet sind. Und es gibt kein besseres Vorspiel für einen Sexualakt.

Stürzen Sie sich nicht auf die Brüste oder Genitalien Ihrer Partnerin; Petting sollte ein langsames, einfühlsames Vorgehen sein. Lassen Sie Ihre Hand über den Körper Ihrer Geliebten gleiten, spüren Sie ihre Rundungen und Biegungen durch ihre Kleider. Sie wird das Gefühl haben, sie hätte gar nichts an.

Ebenso ist es wichtig, mit dem ganzen Körper Kontakt zu haben, ganz gleich ob Sie liegen oder stehen. Manche Menschen nennen das ganz einfach schmusen. Sie und Ihre Partnerin fühlen sich eventuell wohler, wenn Sie dabei angekleidet bleiben. Auf diese Weise gewöhnen Sie sich problemlos daran, wie Ihre Körper zusammenspielen.

Nackt

Das ist alles, was Petting im bekleideten Zustand ist – und noch einiges mehr!

Nehmen Sie sich Zeit, den Körper Ihrer Partnerin mit den Händen zu erforschen. Gleiten Sie mit festem Griff die Seiten hinunter. Reiben Sie ihre Hinterbacken und Schenkel in kreisförmiger Aufwärtsbewegung. Streichen Sie ihr übers Haar und zeichnen Sie die Linien ihres Gesichts nach. Wenn Sie den Körper Ihrer Partnerin bewundern, wird sie auch Sie bewundern.

Eine Alternative zum Geschlechtsverkehr

Nichts hindert Sie daran, Ihr gegenseitiges Reiben und Berühren bis zum Höhepunkt fortzusetzen. Petting ist geruhsamer und gefühlsbetonter als faktischer Geschlechtsverkehr – und weder Sie noch Ihre Partnerin müssen sich um Infektionen oder Empfängnisverhütung Gedanken machen. Leider sind viele Männer dagegen, mit Pettings zum Orgasmus zu kommen. Vielleicht liegt es an dem klebrigen Fleck auf ihrer Unterhose oder vielleicht daran, daß sie es nicht als richtigen Sex empfinden. Doch keine Sorge – es ist Sex!

Für viele Frauen kann Petting tatsächlich besser sein als Geschlechtsverkehr. Männer verstehen das oft nicht, aber Frauen müssen nicht immer zum Höhepunkt kommen, um sexuell befriedigt zu sein. Es sind vielmehr die innige Nähe und das ständige Berühren, was Ihre Partnerin erregt.

Eines dürfen Sie nie vergessen: Geschlechtsverkehr sollte *nicht* das primäre Ziel jeder sexuellen Begegnung sein. Wenn Sie immer beim Koitus enden, kann die sexuelle Spannung in Ihrer Beziehung ziemlich schnell abflauen. Petting ist eine aufregende Alternative, die Ihre Partnerin sehr schätzen wird.

Selbstbefriedigung

Selbstbefriedigung (oder Masturbation) ist ein notwendiger Bestandteil Ihres Sexuallebens. Es gibt zwei gute Gründe zu masturbieren: Sie wollen sich selbst ein erotisches Vergnügen verschaffen und: Sie wollen mehr über die eigenen sexuellen Reaktionen erfahren. So wie die Männer masturbieren auch fast alle Frauen mehr oder weniger häufig und intensiv. Die meisten Leute geben das nicht so ohne weiteres zu, aber wenn ein Mensch nicht masturbiert, wird er nie ganz genau wissen, was ihm beim Sex gefällt und was nicht.

Eine Möglichkeit, Ihre Partnerin scharf im Bett zum machen, besteht darin, ihren sexuellen Horizont nach Möglichkeit zu erweitern. Machen Sie Ihrer Partnerin Lust auf Masturbation! Es stimmt einfach nicht, daß starkes Stimulieren der Klitoris eine Frau dazu bringt, nur noch auf diesem Weg einen Orgasmus zu bekommen. Im Gegenteil, je mehr eine Frau masturbiert, desto mehr weiß sie über ihren eigenen Körper Bescheid – was wiederum zur Kenntnis beiträgt, wie man am besten einen Höhepunkt erreicht. Diese erworbenen Kenntnisse können Sie dann nutzen, während Sie mit ihr Liebe machen.

Selbstbefriedigung mit Ihrer Partnerin

Da Masturbation eine so persönliche Angelegenheit ist, widerstrebt es manchen Menschen, sich in Gegenwart ihres Partners zu berühren. Doch kann Selbstbefriedigung vor den Augen des anderen das Gefühl der Intimität in hohem Maße steigern, und sobald Sie sich dabei wohl fühlen, ermöglicht es Ihnen, einen riesigen Bereich sexueller Interaktionen auszuleben.

Masturbation bildet eine ausgezeichnete Alternative zum Geschlechtsverkehr und kann mit Ihrer Partnerin ebenso geteilt und ausprobiert werden wie verschiedene Stellungen und sexuelle Handlungen. Wenn Ihre Partnerin Ihnen beim Masturbieren zuschaut, wird sie viel über Ihre sexuellen Resonanzen erfahren, so wie auch Sie die ihrigen besser verstehen werden.
Und vergessen Sie nicht: Es ist nicht notwendig, bis zum Höhepunkt zu masturbieren – Selbststimulierung kann zu jedem Zeitpunkt beim Sex erfolgen, und Männer wie Frauen sollten dazu ermuntert werden.

Oraler Sex

Ihr Mund ist ein äußerst empfindsames Organ. Mit ihm können Sie den Körper Ihrer Partnerin schmecken, berühren und riechen. Im Grunde ähnelt Ihr Mund in vielem Ihren Genitalien – er ist reich an Nervenenden und sehr empfänglich für die Stimulation. Es hat durchaus etwas für sich, Mund und Geschlechtsteile miteinander in Verbindung zu bringen.

Viele Leute stört es, daß Sexualorgane und Ausscheidungsorgane so nah beieinander liegen. Frauen wissen, daß der Penis sowohl zum Urinieren als auch für den Sex benutzt wird, und einige mögen befürchten, er sei von Urin beschmutzt. Männer haben gewöhnlich die Vorstellung, aus irgendeiner Stelle im weiblichen Unterleib flösse der Harn und würde womöglich den ganzen Bereich damit verunreinigen.

Bei normaler Hygiene können die Geschlechtsorgane genauso keim- und geruchsfrei sein wie jeder andere Körperteil. Tatsächlich enthält der Mund normalerweise wesentlich mehr Keime als der Penis oder die Vulva. Sexuelle Sekrete wie Sperma oder die Scheidenflüssigkeit sind antiseptische und harmlose Eiweißsubstanzen.

Wenn Sie oder Ihre Partnerin sich immer noch über den Faktor Sauberkeit Gedanken machen, nun, dann nehmen Sie eben gemeinsam eine Dusche! Das eignet sich vorzüglich als Vorspiel, und die Frage, ob Ihre Geliebte hundertprozentig sauber ist, stellt sich danach garantiert nicht mehr.

Neben den Zweifeln über die Sauberkeit ist es normalerweise mangelnde Kenntnis über die Genitalien des anderen, die Menschen davon abhält, Oralsex zu genießen. Ler-

nen Sie so viel wie möglich darüber, und genießen Sie die breite Palette lustvoller Gefühle, die Ihnen der Oralverkehr schenkt!

Cunnilingus

Bitte tun Sie's! Sie genießen es, die Rolle des Nehmenden beim Oralverkehr zu spielen; Ihrer Partnerin wird das nicht anders gehen.

Die Scheidenflüssigkeit hat einen unverwechselbaren Geruch und Geschmack, der bei jeder Frau unterschiedlich ist. Da sie so eng mit Geschlechtsverkehr in Verbindung gebracht wird, törnt viele Männer dieser Duft an. Doch trifft das nicht auf alle Männer zu.

Natürlich müssen Sie jeden Körperteil Ihrer Partnerin akzeptieren, wenn Sie sich mit ihr wirklich ganz ausleben wollen. Wenn Sie keinen Gefallen daran finden, Ihre Genitalien zu berühren, geschweige denn, sie dort zu küssen, werden Sie nie ein guter Liebhaber sein. Und wenn Sie sich ihren Geschlechtsorganen nur nähern, um in sie einzudringen, wird Ihre Partnerin vermuten, Sie fühlten sich von diesem Teil ihres Körpers im Grunde abgestoßen. Das mag keine Frau. Sie werden sie nicht scharf machen, Sie werden sie vertreiben.

Wenn jedoch Ihre Partnerin diejenige ist, die nicht will, daß Sie Cunnilingus machen, dann müssen Sie einfach mit ihr darüber reden. Sagen Sie ihr, wie sehr Sie wünschen, ihr Lust zu verschaffen, und daß Sie so gerne jede Stelle ihres Körpers küssen würden. Wenn Sie es ernst meinen, werden Sie ohne Schwierigkeiten ans Ziel kommen. Und sobald Sie einmal begonnen haben, wird sie sich fragen, warum sie sich je dagegen gesträubt hat.

Wie gehen Sie vor?

So wie eine Frau ihre Hände und ihren Mund zur Fellatio benutzt, sollte ein Mann seine Hände und seinen Mund zum Cunnilingus nehmen. Warum?

Wenn eine Frau erregt ist, ist jeder Teil ihrer Vulva höchst empfindlich, aber wenn Sie die Klitoris nicht mit einbeziehen, frustrieren Sie sie.

Eines sollten Sie nie vergessen: Die Klitoris ist ein sehr abgeschirmter Teil des weiblichen Körpers und deshalb äußerst empfindsam. Wenn Sie die Klitoris übermäßig stimulieren – sie zu stark oder zu schnell oder zu lange reiben – ist das für Ihre Partnerin schmerzhaft.

Achten Sie beim Cunnilingus genau auf die Reaktionen Ihrer Partnerin. Nur so sind Sie in der Lage, herauszufinden, was ihr Spaß macht.

Und so können Sie's zum Beispiel machen: Nehmen Sie für die Klitoris Ihre Zunge, schnalzen Sie leicht gegen das kleine Häubchen. Reiben Sie mit den Lippen an dem Klitoriswulst und bewegen Sie dabei Ihren Kopf hin und her. Saugen Sie sanft an dem kleinen erbsenförmigen »Höcker«. Reiben Sie den ganzen Hügel mit der Innenfläche Ihrer Hand in aufwärtsgerichteter, kreisförmiger Bewegung.

Währenddessen streicheln Sie mit den Fingern vorsichtig die Vulvalippen. Wenn die Vagina feucht ist, legen Sie zwei Finger aneinander und schieben Sie sie hinein. Fahren Sie rhythmisch hinein und heraus oder erforschen Sie einfach das Innere der Scheide mit den Fingern.

Wenn Sie Ihren Mund an irgendeine andere Stelle der Vulva bringen, reiben Sie dabei sanft mit einem Finger gegen die Klitoris oder das Hügelchen. Vielleicht müssen Sie die Hand gegen die Schenkel Ihrer Partnerin drücken, um sie offen zu halten, insbesondere dann, wenn sie zum Höhepunkt kommt.

Manche Frauen haben es gerne, an der Verbindung zwischen Vaginaöffnung und Anus berührt zu werden. Der Anus selbst ist mit seinen vielen Nervenenden empfindlich. Achten Sie auf die Bewegungen Ihrer Partnerin, wenn Sie die Anusgegend berühren. Wenn sie die Hinterbacken zusammenkneift oder überhaupt ausweicht, dann drängen Sie nicht. Manche Frauen wollen dort nicht angefaßt werden. Falls sich Ihre Partnerin jedoch an Sie drückt oder ein lustvolles Stöhnen ertönen läßt, dann fahren Sie fort. Ein guter Liebhaber achtet auf nonverbale Signale, und wenn Sie nicht ganz sicher sind, dann fragen Sie! Flüstern Sie: »Gut so? Höher?« und geben Sie ihr zwei Alternativen. Sie wird nicht sagen wollen, daß es ihr nicht behagt, aber wenn sie's nicht mag, wird sie antworten: »Höher.«

Fellatio

Keine Frau kann wissen, wie es sich anfühlt, wenn Ihr Penis gestreichelt wird. So wie es Ihnen Spaß machen muß, damit Ihre Partnerin beim Cunnilingus Spaß hat, so muß eine Frau wirklich Lust dazu haben, den Penis mit Mund oder Zunge zu stimulieren, damit es auch gut wird. Sie mag dabei etwas unbeholfen sein, ebenso wie Sie's wären, wenn Sie sich in der weiblichen Anatomie nicht auskennen würden. Sprechen Sie mit ihr über Ihre Geschlechtsorgane. Zeigen Sie ihr, was ein gutes Gefühl bei Ihnen hervorruft. Lassen Sie sie nicht irgend etwas tun, was unangenehm ist. Sie werden nie eine bessere Chance bekommen, auf taktvolle Weise ihre Methode zu verbessern, als während der ersten Male, an denen sie Ihnen einen bläst!

Versuchen Sie nicht, Ihre Partnerin zu zwingen, ein größeres Stück von Ihrem Penis in den Mund zu nehmen. Wenn etwas gegen ihre Kehle stößt, löst dies einen Würgereflex aus. Wenn Sie nicht wollen, daß Ihr Vergnügen abrupt unterbrochen wird und Ihre Partnerin keucht und würgt, sollten Sie sie selbst bestimmen lassen, was sie tut.
Fühlen Sie sich nicht zurückgewiesen, wenn Ihre Partnerin Ihren Samen nicht hinunterschlucken will. Dieser klebrige Schluck ist schon etwas ganz Spezielles. Solange sie nichts dagegen hat, Ihren Penis in den Mund zu nehmen, und Vergnügen daran findet, Sie so zum Orgasmus zu bringen, sollten Sie sich nicht beklagen. Aber wenn Ihre Partnerin Ihre Soße geschluckt hat, dürfen Sie keinen Kuß von ihr zurückweisen!

69

In dieser Stellung ist Ihr Kopf an der Genitalregion Ihrer Partnerin, während der Kopf Ihrer Partnerin an Ihrer liegt. Sie können dabei nebeneinander oder aufeinander liegen.
Manche Leute sind geschickt genug, den Partner oral zu befriedigen, während sie selbst befriedigt werden. Andere finden, daß es verrückt ist, ein solch wunderbares Gefühl zu zerstören, indem man versucht, sich gleichzeitig auf etwas anderes zu konzentrieren. Es ist eine rein persönliche Entscheidung, deshalb achten Sie auf die Reaktion Ihrer Partnerin, wenn Sie sich in 69-Stellung begeben. Wenn sie nicht begeistert mitmacht, dann halten Sie sich lieber an Methoden, bei denen immer einer an der Reihe ist.

Orgasmus

Das Wichtigste, woran Sie beim Orgasmus denken müssen, ist – ihn zu *vergessen*! Legen Sie nicht so viel Wert auf den Höhepunkt. Sie haben einen langen, feuchten, wunderbaren Weg zwischen Ihrem ersten Kuß und dem Ende des sexuellen Liebesakts. Denken Sie sich Ihren Orgasmus als die Kirsche auf einem Eisbecher oder Banana-Split oder als einen ____________. Füllen Sie den Leerraum aus und genießen Sie die Vorstellung, während Sie das Wort niederschreiben.
Was den Orgasmus der Frau betrifft, so machen Sie bloß nicht die Suche nach dem Heiligen Gral daraus! Manchmal möchte Ihre Partnerin eben nicht zum Höhepunkt kommen. Das heißt nicht, daß es ihr keinen Spaß macht, mit Ihnen zu schlafen; Sie dürfen nicht vergessen, daß Ihre Partnerin mehr Gewicht darauf legt, sich mit Ihnen gefühlsmäßig verbunden zu fühlen. Die körperliche Befriedigung ist nur die Hälfte beim Sex.

Gleichzeitiger Orgasmus

Es ist nicht notwendig – und wird Ihnen beim Vergnügen hinderlich sein –, daß Ihr Ziel beim Sexualakt immer darin besteht, gleichzeitig zum Orgasmus zu kommen. Das ganze Erleben ist wichtig, nicht nur das Ende.
Sie müssen mit der Liebestechnik Ihrer Partnerin und den Methoden vertraut sein, mit denen man einen gleichzeitigen Orgasmus vollzieht – doch selbst dann ist er nicht kalkulierbar. Wenn eine Frau zum Höhepunkt kommt, ziehen sich ihre Muskeln gewöhnlich in der Vagina zusammen,

was wiederum dem Mann hilft, den Höhepunkt zu erreichen. Es ist eher ein Pingpongspiel als ein großer Knall.

Wenn Ihre Partnerin keinen bekommt

Ein Orgasmus ist nichts Mysteriöses. Wenn Ihre Partnerin keinen Höhepunkt erreicht, sind ihre Nerven einfach nicht genügend stimuliert. Sie muß sich entspannen und ihre eigenen sexuellen Reaktionen kennenlernen. Wie für die Männer, so ist auch für Frauen die Selbstbefriedigung der leichteste Weg, zu lernen, wie man einen Orgasmus erreicht. Sie sollten jede Frau, die Schwierigkeiten mit dem Höhepunkt hat, ermuntern, sich selbst zu befriedigen. Kaufen Sie ihr einen Vibrator! Und dann lassen Sie sie ihn selbst ausprobieren. Am leichtesten bekommt sie einen Orgasmus, wenn sie sich entspannt; vielleicht ist sie dazu nicht imstande, während Sie sie beobachten, solange sie's noch zu lernen versucht. Fühlen Sie sich nicht ausgeschlossen – das beste, das Sie für Ihre sexuelle Beziehung tun können, ist, Ihre Partnerin anzuspornen, die eigene Sexualität – in ihrem eigenen Tempo – zu erforschen. Wenn Sie zusammen schlafen, nehmen Sie sich Zeit für ein längeres und intensiveres Vorspiel. Das bedeutet nicht, daß Sie sich auf die Klitoris stürzen und sie hektisch reiben sollen. Machen Sie sich langsam an alle intimeren Aspekte des Sexualaktes – schließlich ist das Problem hier die mangelnde Entspannung. Streicheln Sie ihre Haut und geben Sie ihr sanfte Küsse. Fordern Sie sie freundlich auf, mit Ihnen in derselben Weise zu verfahren.

Erst wenn Sie beide sich wohl fühlen, sollten Sie zu einem intensiveren Vorspiel übergehen. Ihre Partnerin sollte ihre eigenen Geschlechtsorgane stimulieren. Bitten Sie sie, Ih-

nen zu zeigen, was ihr gefällt. Nehmen Sie sich genügend Zeit, sie zu erregen, aber versteifen Sie sich nicht darauf, sie ständig zum Höhepunkt bringen zu wollen. Ihr Erwartungsdruck würde jeden Fortschritt zerstören, den Ihre Partnerin macht.

Für viele Frauen beginnt Sex in Kopf und Herz, nicht in ihren Genitalien. Wenn Ihre Partnerin *speziell mit Ihnen* Probleme mit dem Orgasmus hat, fehlt ihr vielleicht ein wenig Romantik in ihrer Beziehung (siehe Kapitel »Romantik«). Versäumen Sie es nicht, Ihre Partnerin zuweilen auch außerhalb des Sex zu berühren. Und versäumen Sie ja nicht, ihr zu sagen, wie gerne Sie sie mögen!

Obwohl Frauen den Sex auch wegen des ekstatischen Höhepunktes genießen, legen sie doch ebensoviel Wert auf Nähe und Verbundenheit.

Positionen

Der Schlüssel zu einem für beide Seiten befriedigenden Geschlechtsverkehr ist die Spontaneität. Bei der Gestaltung der sexuellen Begegnung haben Sie unbegrenzte Freiheit – das geht vom »Quickie« bis zur großen abendfüllenden Verführungsszene. Der Anfang vom Ende Ihrer sexuellen Beziehung ist eingeleitet, wenn Sie in Routine verfallen.

Lieben Sie sich nicht nur im Bett! Erinnern Sie sich an die heiße Szene in *Wenn der Postmann zweimal klingelt*, wo die beiden die Teller vom Tisch fegen und sich wie wild darauf lieben? Diese Szene wäre viel weniger eindrucksvoll, wenn beide sich zurückgehalten hätten und ins Bett marschiert wären. Seien Sie erfinderisch. Vielleicht hat Ihr Sofa genau die richtige Höhe, um daneben zu knien und in Ihre Partnerin einzudringen (wenn sie direkt am Rand sitzt). Tische eignen sich wunderbar dazu, um sich darüber zu beugen. Auch der hübsche Plüschteppich kann geeignet sein, um sich daraufzulegen.

Ebenso sollten Sie die Art und Weise des Eindringens variieren. Es gibt das langsame, gleichmäßige, kreisförmige Penetrieren. Es gibt den »Schnellfeuerstoß«. Und es gibt den Rhythmus, der sich mit zunehmender Erregung steigert. Auch Ihre Partnerin kann den Rhythmus bestimmen. Bleiben Sie nicht immer bei einem, Sie wollen beim Geschlechtsverkehr ja auch nicht immer dieselbe Position einnehmen.

Von jeder der nachfolgend aufgelisteten Positionen beim Sexualverkehr gibt es Hunderte Varianten. Ich empfehle Ihnen, frei damit zu experimentieren.

Nichts sollte Sie davon abhalten, während des Geschlechtsverkehrs mehrmals die Stellungen zu wechseln; aber hüten

Sie sich davor, die Stimmung durch zu komplizierte Manöver kaputtzumachen. Alles muß ganz natürlich geschehen. Versuchen Sie nicht, Ihre Partnerin durch viele verschiedene Varianten, die Sie kennen, zu beeindrucken. Eine Frau will unter keinen Umständen das Gefühl haben, sie durchlaufe mit Ihnen einen ganzen Katalog von Stellungen. Sie wird sich allmählich fragen, was sie denn in den letzten drei Positionen falsch gemacht hat und weshalb Ihnen die nicht ausgereicht haben. Sie wird sicherlich nicht entspannt sein und ergo auch nicht zum Höhepunkt kommen.
Das Wichtigste über Stellungen, das Sie sich einprägen müssen, ist, daß sie erst in zweiter Linie von Bedeutung sind. Ihre Partnerin wird es viel wichtiger finden, sich mit Ihnen wohl zu fühlen, Ihre Arme um sich zu spüren und Ihren zärtlichen Worten lauschen zu können.

Missionarsstellung

Sie oben – Ihre Partnerin unten. Diese Stellung eignet sich gut zum Küssen und Liebkosen während des Geschlechtsverkehrs.
Unter Missionarsstellung versteht man gewöhnlich, daß beide Partner in der Horizontalen daliegen, aber es kann auch einschließen, daß Ihre Partnerin am Bett- oder Couchrand liegt, während Sie vor ihr knien.
Wenn Sie beide auf dem Bett liegen, bestehen die hauptsächlichsten Varianten in den verschiedenen Positionen der Beine. Eine Möglichkeit ist, die Beine Ihrer Partnerin um Ihre Hüften oder Oberschenkel zu schlingen. Diese Stellung impliziert nicht zwingend, daß Sie den Rhythmus angeben. Doch engt sie die Hüftbewegung Ihrer Partnerin ein, da sie sich an Ihnen festhält.

Sie können auch ein oder beide Beine Ihrer Partnerin vorziehen und sie an Ihren Schultern abstützen. Das ermöglicht Ihnen, tiefer einzudringen als in der normalen Missionarsstellung. Jedoch sind die Hüften der Frau dabei ans Bett gedrückt und können auf Ihre Bewegungen nicht reagieren. Wenn Sie die Kontrolle übernehmen wollen, ist dies eine gute Stellung. Aber wenn Sie immer auf diese Weise Verkehr haben wollen, müssen Sie sicher sein, eine Partnerin zu haben, die durch diese – für sie passive – Haltung erregt wird.
Sie können eine Ihre Partnerin sicher erregende Variante probieren, indem sie ihre Knie leicht auseinanderbiegt und sich mit den Füßen am Bett abstützt. Dadurch kann sie am besten auf Ihr Stoßen reagieren. In dieser Position wird sie den Rhythmus finden, den sie sucht, und wird wissen, wann Sie zu schnell, zu langsam oder zu gleichmäßig sind. In dieser Stellung können Sie sich zusammen bewegen.

Umgekehrte Missionarsstellung

Ihre Partnerin oben – Sie unten. Dies meint normalerweise, daß Sie auf dem Rücken liegen und sie rittlings auf Ihren Hüften sitzt. Ihre Partnerin kann sich ebenso auf ihre Füße setzen und über Sie kauern, aber gewöhnlich wird sie es bequemer finden, zu knien. Bei einer anderen Variante sitzen Sie auf einem Stuhl, wobei Ihre Partnerin – mit Ihnen zugewandtem Gesicht – auf dem Schoß sitzt.
Sie sind in dieser Stellung ganz entspannt und überlassen Ihrer Partnerin das Steuer. Und was noch besser ist: Sie haben die Hände frei, um sie zu liebkosen. Vielleicht wol-

len Sie ihre Taille oder Hüfte umfassen, um den Rhythmus mitzubestimmen. Sie können auch ihren Oberkörper zu sich hinunterziehen oder hochschieben, um den Penetrationswinkel zu wechseln.
Lassen Sie sich nicht von alten Stereotypen davon abhalten, diese Stellung zu genießen. Manchmal wird Ihre Partnerin mehr Energie haben als Sie, wohingegen Sie sich zurücklegen und einfach nur genießen wollen. Manchmal wollen Sie vielleicht freie Hand haben, um sie während des Sexualverkehrs liebkosen und streicheln zu können.

Von hinten

Sie schauen beide in die gleiche Richtung, Sie befinden sich hinter Ihrer Partnerin. Sie können beide stehen, wobei Ihre Partnerin sich leicht vorbeugt, um die Penetration zu erleichtern. Sie können diese Stellung auch beziehen, indem Ihre Partnerin auf allen vieren ist und Sie hinter ihr knien. Schwieriger ist es, wenn Sie beide auf der Seite liegen – Ihre Partnerin vor Ihnen – und Sie sich von hinten an sie schmiegen. Dies ermöglicht es Ihnen zwar, tief einzudringen, aber es ist schwer, einen guten Rhythmus aus den Hüften heraus zu finden, wenn Sie so auf dem Bett liegen.
Das Eindringen von hinten drängt Ihrer Partnerin eine ganz bestimmte Sichtweise auf. Da sie nur auf die Wand sieht, ist es sehr wichtig, daß Sie sie mit den Händen liebkosen und sich über sie beugen und von hinten umarmen. Wenn Sie nur einfach ihre Hüften halten, kann das zwar auch aufregend sein, doch ist das Ganze dann eine eher unpersönliche Angelegenheit.
Da diese Stellung nicht so intim ist wie die ersten beiden, mögen manche Frauen sie nicht. Definiert eine Frau, was

»Liebe machen« und was dagegen »Sex machen« ist, wird diese Stellung gewöhnlich als reiner Sex angesehen. Hinzu kommt, daß dabei die Penetration tiefer ist – und daher schmerzhaft sein kann. Achten Sie deshalb genau auf ihre Reaktionen!
Andererseits lieben viele Frauen das Gefühl von Unterwerfung und purem, etwas rauhem Sex, die in dieser Stellung zum Ausdruck kommen. Es ist sicher etwas, das man ausprobieren muß, um herauszufinden, wie aufregend das sein kann. Da Sie in dieser Haltung eindeutig dominieren, haben Sie auch die Freiheit, jetzt ein wenig aggressiver zu verfahren, als Sie es in den anderen Positionen oder bei sexuellen Hilfsmitteln tun sollten. Aber: Wenn Ihre Partnerin von dieser Position tatsächlich angewidert ist, dann müssen Sie warten, bis Sie an eine Partnerin geraten, die empfänglicher dafür ist.

Andere Varianten

Es gibt Hunderte von Stellungen für den Sex. Jede Grundstellung kann variiert werden, indem man – wie in Scherenstellung – einen Arm oder ein Bein verlagert. Sie können sich gegenüberstehen, wobei ein Bein Ihrer Partnerin angehoben oder gegen das Bett gestützt ist. Sie können zwischen den Beinen Ihrer Geliebten knien und dabei ihre Hüften umschließen, wobei Brust und Kopf der Frau auf dem Bett ruhen. Nehmen Sie ein Kissen, um Hüften oder Brust in eine erhöhte Lage zu bringen. Es gibt unzählige Variationen, lassen Sie Ihre Phantasie spielen!

Wo und wann?

Sie sollten dafür sorgen, Ihre Liebesakte der Umgebung anzupassen. Wenn es sich um einen »Quickie« in der Küche handelt, wird es dabei nicht gerade umwerfend romantisch zugehen. Unter Neonlicht werden Sie eher heißen, etwas rauheren Sex praktizieren. Oder Sie können auch eine sinnliche Atmosphäre für eine langsame, erotische Szene schaffen, indem Sie für schummriges Licht sorgen, Kerzen anzünden oder ein heimeliges Kaminfeuer brennt. Lassen Sie es nicht zur Gewohnheit werden, immer dieselben Dinge zu tun, nur weil sie Ihnen vertraut und bequem sind. Sex sollte aufregend sein, und zuweilen kann eine geringe Veränderung – wie Dämpfen des Lichts – genügen, um Ihre sexuellen Begegnungen durch einen erotischen Funken zu bereichern.

Wo?

Es kann für die Erregung Ihrer Partnerin unter Umständen ausschlaggebender sein, *wo* Sie Sex machen als *wie*. Achten Sie darauf, daß Ihr Sexualleben aufregend und nie eingefahren ist, auch wenn das bedeutet, daß Sie in verschiedenen Zimmern Ihres Hauses Verkehr haben oder Ihrer Partnerin in einem überfüllten Raum zuflüstern, wie sehr Sie auf sie scharf sind.

Sex ist ein sinnliches Erlebnis, und die Sinnlichkeit erhöht sich, wenn Sie all Ihre Sinne gebrauchen. Sie schränken sich selbst ein, wenn Sie die Umgebung, in der Sie sich lieben, einschränken. Sie werden nie wissen, wie aufre-

gend es sein kann, sich an einem ungewöhnlichen Ort zu lieben, bis Sie es einmal ausprobieren.

Es gibt keinen Ort in der Welt, an dem man sich nicht lieben könnte. Natürlich stellt sich möglicherweise heraus, daß er unbequem ist oder die ganze Sache etwas überstürzt vor sich geht, aber das pure erotische Vergnügen, in einem Auto oder im Freien oder im Badezimmer oder bei einer Party Geschlechtsverkehr zu haben, lohnt es, jede Unannehmlichkeit auf sich zu nehmen. Sie möchten den Komfort und die Intimsphäre Ihres eigenen Schlafzimmers vielleicht nicht gern aufgeben, doch wenn Sie am passenden Ort die Gelegenheit ergreifen, werden Sie etwas erleben, was Sie nicht so schnell vergessen werden.

Sie können vorausplanen, Ihren Sex an ungewöhnlichen Orten zu haben, und Sie können sich spontan dazu entschließen. Wenn Sie sich vornehmen, an irgendeinem ungewöhnlichen Ort mit Ihrer Partnerin zu schlafen, vergewissern Sie sich im voraus, daß Ihnen nichts in die Quere kommt. Schließlich wollen Sie nicht am Verkehr gehindert werden, nachdem Sie Ihrer Partnerin den Plan vorgestellt haben und nun beide ganz aufgeregt sind. So etwas würde nur Frustration hervorrufen.

Ihre Partnerin mag sich sträuben und fürchten, Sie könnten »erwischt« werden. Drängen Sie sie nicht, aber zögern Sie nicht, ihr ein Schäferstündchen vorzuschlagen, wenn Sie eine gute Stelle oder die passende Zeit dafür sehen. Ihre Partnerin muß sich vielleicht nur an die Vorstellung gewöhnen. Malen Sie ihr das Ganze in aufregenden Farben aus!

Indem Sie Ihrer Partnerin immer wieder sagen, wie sehr Sie sich körperlich von ihr angezogen fühlen, werden Sie viel dazu beitragen, die Spannung in Ihrer sexuellen Beziehung zu halten. Wenn Sie Sex ausschließlich bei speziellen Gelegenheiten oder an einem bestimmten Ort praktizieren, neh-

men Sie ihn aus dem Beziehungsalltag heraus – und das ist falsch. Lassen Sie Sex nie zur Routine verkommen, wenn Sie Ihre Frau im Bett auf Touren bringen wollen.

Wann?

Es ist keine gute Idee, sich immer zur selben Tageszeit zu lieben.

Ihre »Körperchemie« schwankt im Laufe des Tages und Ihr sexuelles Erleben mit ihr. Insbesondere mit einer neuen Partnerin sind Sie es sich selbst schuldig, Sex zu unterschiedlichen Stunden zu genießen. Manche Leute sind zu gewissen Tageszeiten unempfänglich, wohingegen sie sich an anderen kaum zurückzuhalten vermögen. Sie müssen die Rhythmen und Vorlieben Ihrer Partnerin kennenlernen.

Viele Männer machen sich die morgendliche Erektion – die sogenannte »Morgenlatte« – zunutze (der Druck des Urins in der Blase ruft die Erektion hervor). Aber für viele Frauen gilt dies als unromantische Tageszeit. Unter anderem ist es einer Frau unangenehm, mit einer vollen Blase Sex zu haben. Der Druck kann sogar eine Harnröhreninfektion verursachen. Wenn Sie morgens Sex wollen, achten Sie auf die Resonanz Ihrer Partnerin. Schlagen Sie ihr vor, sie solle doch zuerst zur Toilette gehen; auch können Sie sich zuerst die Zähne putzen. Machen Sie alles so angenehm wie möglich, und Sie werden beide eine angenehme Zeit haben.

Auch Sex am Nachmittag kann etwas Wunderbares sein. Es kann einen zusätzlichen Kitzel verschaffen, wenn man zu einer Zeit mit der Liebe beschäftigt ist, wo alle anderen hart arbeiten.

Quickies sollten zu jeder Zeit stattfinden und können gar nicht oft genug genossen werden. Dafür sind sie schließlich da! Ver-

suchen Sie's mit einem am Abend, ehe Sie zusammen ausgehen; auch während Sie am Sonntag das Frühstück zubereiten oder kurz bevor Sie sich auf den Weg zur Arbeit machen, können Sie schnell eine Nummer schieben.

Die gewöhnlichste Zeit für den Sex ist die Nacht, ehe man sich schlafen legt. Das Problem ist nur, daß viele Leute dann einfach zu müde sind, einen wirklich genußvollen Liebesakt miteinander zu gestalten. Sex wird zur Routine. Wenn Sie finden, daß Sie dieser Gewohnheit anheimgefallen sind, bemühen Sie sich, Ihre sexuellen Begegnungen auf den frühen Abend zu legen.

Nehmen Sie sich Zeit, um beim Sex neue Dinge auszuprobieren. Zünden Sie den Funken in Ihrer Beziehung wieder an, der bei vielen Paaren aufgrund mangelnden Timings und fehlender Spontaneität erlischt.

An was Sie immer denken sollten

Neben dem Wo und Wann ist auch wichtig, *wie* Sie an eine sexuelle Begegnung mit Ihrer Partnerin herangehen. Reden, kreative Sexspiele, mehr leidenschaftlicher als mechanischer Geschlechtsverkehr und ein zärtlich-genußvolles *Nachspiel* (für Frauen ein besonders wesentlicher Bestandteil des Sex) – all das sind wichtige Faktoren, die Sie erwägen müssen, wenn es darum geht, Ihre Partnerin vollauf zu befriedigen.

Beim Sex sprechen?

Es kann Ihre Partnerin antörnen, wenn sie hört, wie Sie ihr sanft ins Ohr flüstern. Aber Sie müssen beim Tonfall Ihres Geplauders auf sie eingehen. Falls Ihre Geliebte nämlich keine zotigen Worte mag, dann machen Sie einen Riesenfehler, wenn Sie im Bett mit ihr die Vulgärsprache verwenden. Es gibt nämlich Frauen, die sich dadurch zu Sexobjekten degradiert fühlen.

Doch romantische Bemerkungen, wiederholtes Flüstern, Seufzen oder Stöhnen ihres Namens und viel »Ja« und »Ja, bitte« machen Ihre Frau garantiert wild im Bett. Männer machen oft den Fehler, beim Sex unnatürlich schweigsam zu sein. Frauen reagieren besonders auf Worte, und ein hingemurmeltes Liebeswort oder eine Bewunderungsbezeugung wird mehr dazu beitragen, ihre Erregung zu steigern als jede noch so phantastische Liebestechnik, auf die Sie stolz sein mögen.

Wie lange?

Wahrscheinlich wissen Sie, daß Sie Ihre Frau nicht besonders erregen können, wenn Sie Ihren Penis nur in die Vagina hineinstecken, darin hin- und herbewegen und Ihren Orgasmus bekommen, ohne auf ihre Gefühle und sexuellen Bedürfnisse einzugehen. Aber das bedeutet nicht, daß Sie Ihre Partnerin mit der Dauer des Verkehrs beeindrucken müssen!

Muß ich Ihnen das überhaupt noch sagen?

Männer machen sich so oft unnötige Sorgen über die Dauer ihrer sexuellen Leistungen und die »Nummer«, die sie zelebrieren. Wenn Sie alles tun, um die Angelegenheit in die Länge zu ziehen, dann wird es eine Frau genauso empfinden – als eine vorgeführte Nummer. Sie wird sich umschauen und fragen, ob als nächstes nun die Hunde- oder Ponyshow an der Reihe ist.

Nur weil Frauen mehrere Orgasmen haben können, heißt das noch lange nicht, daß Sie sie ein dutzendmal zum Höhepunkt bringen müssen, um gut im Bett zu sein. Die meisten Frauen sind mit *einem* guten Mal vollauf zufrieden. Manchmal sind sie auch damit zufrieden, Ihnen einfach ganz nahe zu sein.

Sexualverkehr sollte ein Unterfangen sein, das auf Gegenseitigkeit beruht. Wenn Sie an Ihre Rechnungen oder an Ihre Mutter denken, um Ihren Orgasmus zurückzuhalten, dann ist das nicht sehr schmeichelhaft für Ihre Partnerin. Sie möchte, daß Sie ausschließlich an *sie* denken. Wenn sie heftig reagiert und sich gut fühlt, wird sie sich fragen, warum Sie nicht kommen. Und wie kann sie den Höhepunkt erreichen, wenn Sie nicht danach streben?

Das beste Kompliment, das Sie machen können, ist, so zu

agieren, als könnten Sie sich nicht mehr zurückhalten – sie ist so wunderbar, es ist so gut, Sie sind in Ekstase!

Danach

Ein für allemal – wenn es vorbei ist, ist es eben nicht vorbei! Halten Sie einen gewissen Kontakt, rollen Sie sich nicht einfach zur Seite, um vor sich hin zu schnaufen, und springen Sie auch nicht aus dem Bett, um sich zu waschen. Das ist ausgesprochen beleidigend und wird Ihrer Partnerin das Gefühl vermitteln: Er hat bekommen, was er wollte, und ist nun nicht mehr an mir interessiert.
Und wenn Sie darüber klagen, daß Sie schläfrig sind und schließlich nichts dagegen tun können – dann stimmt das nicht. Das männliche Schlafbedürfnis nach dem Höhepunkt dauert nämlich nur einige Minuten an. Wenn Sie gleich zu Anfang gegen Ihre Schläfrigkeit ankämpfen, wird sie vorübergehen, und danach werden Sie sich besser denn je fühlen.
Wenn Sie also eine dauerhaft befriedigende sexuelle Beziehung mit Ihrer Partnerin führen möchten, dann schalten Sie nach dem Orgasmus nicht einfach ab. Lassen Sie Ihre Hand leicht über die Haut Ihrer Geliebten gleiten. Küssen Sie sie sanft oder streicheln Sie ihr Haar. Halten Sie einfach ihre Hand oder bleiben Sie aneinandergeschmiegt liegen. Schauen Sie ihr in die Augen. Ganz gleich, was während des Sexualaktes geschah – schon allein für diese besondere Aufmerksamkeit wird sie Sie für einen großartigen Liebhaber halten.
Ein Nachspiel ist nichts rein Körperliches. Sprechen Sie mit Ihrer Partnerin. Sie sind eben den intimsten Kontakt eingegangen, der zwischen zwei Menschen möglich ist –

was gibt's da noch zu verbergen? Erzählen Sie ihr Dinge, die Sie unter normalen Umständen nicht zur Sprache bringen würden – Wünsche, Träume, Erinnerungen. Sie beide sind zum jetzigen Zeitpunkt in zärtlicherer Stimmung als sonst. Machen Sie sich das zunutze!

Das erste Mal

Da sexuelle Befriedigung etwas so Individuelles ist, sind zwei Menschen häufig ein wenig unbeholfen, wenn sie die ersten Male miteinander Geschlechtsverkehr haben. Ihre Rhythmen sind unterschiedlich, und beide Partner sind an Dinge gewöhnt, die auf vergangenen sexuellen Begegnungen beruhen.

Um Ihre Frau scharf im Bett zu machen, müssen Sie sich bewußt werden, wie sie auf das, was Sie sagen und tun, reagiert, und sich dementsprechend verhalten. Sie dürfen sich nicht allein auf Ihr eigenes Vergnügen konzentrieren, sondern müssen ebenso das Vergnügen Ihrer Partnerin im Auge behalten. Wenn Sie von Anfang an so mit Ihrer Partnerin umgehen, werden Sie höher belohnt werden, als Sie je zu hoffen wagten.

Längere Beziehungen

Sind Sie in Ihrem Sexualleben erfinderisch genug? Oder haben Sie es zur Routine verkommen lassen? Wiederholen Sie immer wieder dieselben eingefahrenen Abläufe?

Sie können in einer langfristigen Beziehung nicht erwarten, daß erotischer Kitzel und Schwung immer so prickelnd und lebendig bleiben wie in den ersten Wochen.

Aber wenn Sie beide etwas zur Lebendigkeit beitragen, gibt es keinen Grund, warum Sie sich aufgrund von Langeweile und Mangel an Abwechslung körperlich auseinanderleben.
Außerdem ist es gut, wenn Sie Ihr Sexualleben durch frischen Wind und Sinn für Spielerisches bereichern können. Wenn Sie Ihr Sexualleben mit etwas Humor – und Romantik – würzen, tun Sie viel dazu, um Ihre beiderseitige Befriedigung erheblich zu steigern.
Hoffentlich werden Sie irgendwann einmal in einer langfristigen Beziehung leben. Denn falls Sie sexuelle Aufregung suchen, indem Sie von einer Geliebten zur nächsten eilen, werden Sie am Ende unvermeidlich scheitern. Ihre erste Erregung wird immer dann nachlassen, wenn Ihnen Ihre Partnerin einmal vertraut ist. Wenn Sie sich damit nicht abfinden können, werden Sie nie volle sexuelle Befriedigung erlangen, weil Sie in Ihrer sexuellen Erfahrung über einen bestimmten Grad nie hinauskommen.

Phantasien

Im Sexualleben eines jeden Menschen sollte die Phantasie einen wichtigen Platz einnehmen. Sie können sich allein Ihren Phantasien hingeben, um Ihre sexuellen Reaktionen zu lenken oder zu stimulieren, oder Sie können Ihrer Partnerin Ihre geheimsten Phantasien offenbaren. Viele Menschen haben zwar nichts gegen das Phantasieren, aber sie zögern, wenn es ans Ausleben geht. Schließen Sie diese Möglichkeit bei Ihren sexuellen Begegnungen nie aus – wenn Sie Ihre Phantasien in einer Atmosphäre des Vertrauens und der gegenseitigen Achtung ausagieren, kann es eine aufregende Erfahrung sein!

Eigene Phantasien

Machen Sie sich keine Sorgen, Sie oder Ihre Partnerin seien nicht »treu« zueinander oder in Ihrer Beziehung könne etwas nicht »stimmen«, wenn Sie sexuelle Phantasien haben. Phantasieren ist ein vollkommen normaler, gesunder Bestandteil Ihrer Sexualität. Je erregter und entflammter Sie sind, desto leidenschaftlicher und wagemutiger werden Sie beim Liebesspiel sein.

Phantasien teilen

Das Teilen von Phantasien mit Ihrer Partnerin kann Spaß, Abwechslung und Erregung bringen und gleichzeitig für größere Vertrautheit in Ihrer sexuellen Beziehung sorgen. In diesem Falle ist es unbedingt nötig, Vertrauen

zu haben, denn wenn einer von Ihnen sich dabei nicht wohl fühlt, dann warten Sie lieber ab, bis Sie sich besser kennen.

Phantasien ausleben

Ehe Sie eine Phantasie ausleben können, müssen Sie eine gute Kommunikation herstellen. Es ist wirklich ein Rollenspiel, mit Regeln, in dem Sie zu Beginn die Charaktere festlegen sollten. Zum Beispiel wird einem Partner die Rolle des Don Juan – bzw. der Sirene – zugewiesen, der – oder die – dann den anderen verführt. Sie können auch verschiedene Persönlichkeiten annehmen und schauen, was passiert, wenn Sie aufeinandertreffen. Sie können Ihre Phantasie aber auch in eine richtiggehende Inszenierung mit Text und Kostümen umsetzen.
Phantasien sind eine bessere Möglichkeit, eine größere Skala sexueller Handlungen in Ihre Begegnungen einzubauen, als wenn Sie diese nur so, aus heiterem Himmel, vorschlagen. Wenn Sie Ihre Partnerin schon immer einmal fesseln wollten, dann können Sie das ganz beiläufig einmal vorbringen, indem Sie von Ihrer Fessel-Phantasie erzählen. Wenn sie empfänglich für Ihre Phantasie und davon erregt ist, können Sie ein wenig später einmal fragen, ob sie es mit Ihnen einmal ausagieren möchte.
Doch denken Sie immer daran: Nicht alle Phantasien sind dazu da, ausgelebt zu werden. Wenn Ihrer Partnerin die Vorstellung unangenehm ist, dann vergessen Sie den Wunsch besser. Das Ausleben einer Phantasie sollte eine vergnügliche, erregende Erfahrung sein, nicht etwas, was ungute Spannungen zwischen Ihnen und Ihrer Partnerin erzeugt.

Spezielles und Ausgefallenes

Im Badezimmer

Viele Frauen genießen es, im Badezimmer Sex zu haben. Hier bietet sich eine Fülle exquisiter Gelegenheiten: Wie die Massage eignen sich auch eine Dusche oder ein gemeinsames Bad wunderbar dazu, mit Ihrer Partnerin – im wahrsten Sinne des Wortes – warm zu werden und sich an ihren Körper zu gewöhnen.
Sex im Badezimmer ist gewöhnlich eher erotisch als romantisch. Also ran ans Vergnügen, bis die Leidenschaft Sie übermannt!

Dusche

Vergewissern Sie sich, daß die Wassertemperatur für Sie beide angenehm ist. Was für den einen warm ist, kann für die andere siedendheiß sein.
Seife ist ausgezeichnet, weil sie das Gleiten auf der Haut des anderen erleichtert. Benutzen Sie keine scharfen, deodorierenden Seifen, sondern reine Glyzerinseife oder Seife mit Lanolin, Vitamin E oder Kakaobutter.
Wenn Sie zusammen unter die Dusche gehen, so stürzen Sie sich bloß nicht auf ihre Brüste oder Genitalien! Schlagen Sie ihr vor, ihr den Rücken zu waschen. Reiben Sie ihr Shampoo ins Haar und spülen Sie es aus. Massieren und waschen Sie ihr die Füße. Beziehen Sie den ganzen Körper mit ein.
Wenn Sie unter der Dusche Geschlechtsverkehr haben, seien Sie sehr vorsichtig, damit Sie nicht ausrutschen. Badezimmer-Sex sollte langsamer, wohliger, sinnlicher Verkehr sein – sonst landen Sie am Ende im Krankenhaus anstatt

aneinandergekuschelt im Bett. Die Dusche oder Badewanne ist kein geeigneter Ort, um heftig und wild zur Sache zu kommen.

Badewanne

Je nach der Größe Ihrer Badewanne kann es sehr spaßig sein, gemeinsam ein Bad zu nehmen. Zünden Sie ein paar Kerzen an, hören Sie Musik und entspannen Sie sich im warmen Wasser. Sie können einige Tropfen ihres Parfüms oder etwas Öl oder auch Schaumbad ins Wasser geben: ein sinnliches, angenehmes Erlebnis erwartet Sie!

Auf die schnelle

Ebenso ist das Badezimmer ein guter Ort für einen Quickie, ganz gleich, ob im Badezimmer einer fremden Person oder in Ihrem eigenen. Der Badewannenrand, der Toilettendeckel und der flauschige Vorleger eignen sich ausgezeichnet für den Sex. Und vergessen Sie das Waschbecken nicht – es hat für Ihre Partnerin genau die richtige Höhe, um sich darauf abzustützen, wenn Sie von hinten in sie eindringen.

Analerotik

Damit ist die erotische Stimulierung des Anus gemeint, sei es mit den Fingern, einem Sex-Spielzeug oder mit Ihrem Penis.

Anale Stimulierung

Sanfte Stimulierung des Anus ist ein sehr verbreitetes Mittel, die sexuelle Erregung zusätzlich zu steigern.

Der Anus selbst ist mit seinen vielen Nervenenden sehr sensibel. Achten Sie jedoch genau auf die Bewegungen Ihrer Partnerin, wenn Sie sie im Anusbereich berühren. Manche Frauen möchten dort einfach nicht angefaßt werden. Doch wenn Ihre Partnerin sich an Sie preßt oder ein verzücktes Stöhnen hören läßt, dann sollte nichts Sie aufhalten!

Es gibt unbegrenzt viele Möglichkeiten, den After zu stimulieren. Sie können die Falten des Afters selbst streicheln oder kitzeln. Fahren Sie mit den Fingern über die Spalte. Massieren Sie Hinterbacken und Oberschenkel. Reiben Sie die Verbindung zwischen Anus und Vagina. Manche Frauen – und manche Männer – haben es gerne, wenn man ihnen während des Sexualverkehrs den Finger in den After steckt.

Ebenso können Sie mit einem Vibrator oder Dildo den After Ihrer Partnerin stimulieren. So wie beim Analverkehr müssen Sie ganz besonders behutsam vorgehen und auf Stufe eins schalten!

Analverkehr

Analverkehr ist etwas, womit beide Partner voll einverstanden sein müssen, sonst klappt er nicht. Ziemlich viele Männer haben einen ausgesprochenen Hang zum Analverkehr, denn der Anus ist viel enger als die Vagina, und dadurch werden sie stärker und schneller stimuliert. Da die Muskeln im Anus so stark sind, werden Sie Ihre Partnerin unmöglich penetrieren können, ohne ihr Schmerz und Schaden zuzufügen, wenn sie im Grunde dagegen ist und sich innerlich sträubt. Ihre Partnerin muß ganz entspannt sein.

Gleitmittel helfen, das Einführen des Penis zu erleichtern. Zuerst gehen Sie langsam und gleichmäßig vor, bis die

Muskeln Ihrer Partnerin ganz entspannt sind und sie genau weiß, daß Sie ihr nicht weh tun werden.
Fast jede Stellung ist dabei möglich: mit einander zugewandtem Gesicht, wobei Ihre Partnerin die Beine vorne hat; Sie hinter ihr, wobei sie kniet, steht oder liegt; Ihre Partnerin auf der Seite und Sie danebensitzend, in einer »Halb-von-hinten, halb-von-der-Seite-Stellung«; Sie auf dem Rücken liegend und Ihre Partnerin rittlings auf Ihren Hüften sitzend. Nehmen Sie die Stellung ein, bei der sich Ihre Partnerin am wohlsten fühlt.
Sie sollten der Tatsache Rechnung tragen, daß Sperma aus ihrem Anus tropfen, in die Scheide gelangen und sie damit schwanger machen kann. Denken Sie daran, daß Anus und Vagina sehr nah beieinander liegen.
Und zum guten Schluß: Tragen Sie immer ein Kondom. Ganz abgesehen von dem Problem Aids ist der Anus nicht mit einer dicken Innenwand ausgestattet wie die Vagina. Der Anus bekommt leicht kleine Risse. Dazu ist er mit sehr virulenten Bakterien bevölkert. Und: Haben Sie Analverkehr, müssen Sie Ihren Penis waschen, ehe Sie damit in die Scheide eindringen. Die Bakterien des Rektums können schlimme Infektionen hervorrufen, wenn sie mit der Vagina in Berührung kommen.

Ausgefallener Sex

Unter ausgefallenem Sex versteht man eine große Bandbreite sexueller Aktivitäten – das reicht von relativ harmlosen Vergnügungen wie dem Abrasieren der Schamhaare – bis hin zu ausgesprochen gefährlichen Spielchen, die beim sadomasochistischen Sex ihren Ausdruck finden können.

Ausgefallener Sex wird zu abnormem Verhalten, wenn er ein gewohnheitsmäßiger Bestandteil Ihres Sexuallebens ist. Wenn Sie zu Ihrer Befriedigung ungewöhnlichen Sex benötigen, müssen Sie sich Partnerinnen suchen, die ähnliche Bedürfnisse haben. Wenn dagegen Ihre Partnerin gewissen, Sie vielleicht befremdenden Verhaltensweisen zugetan zu sein scheint, dann müssen Sie entscheiden, ob Sie eine Beziehung fortsetzen wollen, in der solche Dinge dazugehören.

Lassen Sie sich nicht von abnormem Sex abschrecken, aus Angst, Sie könnten davon abhängig werden, nur weil Sie es einmal versucht haben. Sie müßten ihn ständig praktizieren, um ihn zur Sucht werden zu lassen. Vergessen Sie nicht, daß ausgefallener Sex nur dann aufregend ist, wenn er nicht zur Gepflogenheit wird. Wenn Sie von einer abnormen Sexualpraktik besessen sind, dann machen Sie sich selbst einen Strich durch die Rechnung.

Selbst nur gelegentlich praktiziert, bleibt ausgefallener Sex etwas sehr Individuelles. Was bei dem einen Menschen als erotischer Kitzel wirkt, ruft bei einem anderen nur Ekel hervor. Sie müssen ganz sicher sein, daß Sie mit Ihrer Partnerin auf der gleichen Wellenlänge liegen. Drängen Sie Ihre Partnerin nie, etwas zu tun, das sie nicht will; und lassen Sie sich selbst auch nie zu etwas verleiten, das Ihnen im Grunde lästig und unangenehm ist. Wenn Sie Vorbehalte dagegen hegen, dann tun Sie's nicht. Aber lassen Sie sich nicht aus Furcht vor dem, was Ihre Partnerin denken könnte oder was »richtig« ist, davon abhalten, es einmal vorzuschlagen. Möglicherweise werden Sie erstaunt über ihre Reaktion sein. Und zu guter Letzt: Wenn Sie etwas versuchen, das Sie beide dann kalt läßt, müssen Sie es ja nicht wiederholen.

Denken Sie daran – Sie und Ihre Partnerin haben die Freiheit, alle Bereiche zu erforschen, die Sie faszinierend und

interessant finden. Wenn Sie Ihren Sex nur etwas würzen wollen oder einige Möglichkeiten kennenzulernen wünschen (und Ihre Partnerin nicht abgeneigt ist), dann hier ein paar Tips. Viel Spaß!

Schamhaare

Abrasieren oder nicht abrasieren? Viele Männer schärft der Anblick nackter Genitalien – das betrifft die eigenen wie die der Partnerin.

Der Akt, die Haare zu entfernen, kann an sich schon erotisch sein. Wollen Sie die Schamhaare entfernen, sollten Sie sie zuvor ganz kurz schneiden, ehe sie abrasiert werden. Benutzen Sie Seife als »Rasierschaum« und gehen Sie sehr behutsam vor.

Das Abrasieren kann jedoch eine unangenehme Nebenwirkung haben. Viele Leute finden, daß es unerträglich schmerzhaft ist und auch Reizungen hervorruft, wenn die Stoppeln nachwachsen. Ist das der Fall, dann bleibt Ihnen keine Wahl – lassen Sie die Schamhaare wieder wachsen. Die Stelle ist zu empfindlich, um eine ständige Reizung in Kauf zu nehmen.

Schmerz

Manche Leute finden, daß ein wohldosierter Schmerz das sexuelle Vergnügen erhöhen kann. Ob es Fingernägel sind, die über die Haut gezogen werden, oder Liebesbisse – was für beide Partner lustvoll ist, ist genehm.

Doch wenn Sie während dem Sex ernsthaften Schmerz zufügen oder spüren müssen, dann sollten Sie unbedingt eine Partnerin finden, die Ihre Vorliebe teilt.

Den »Hintern versohlen«

Beim »Versohlen« des Hinterteils ist der zugefügte Schmerz nicht so wichtig wie das Gefühl der Scham bei

dem, der geschlagen wird, und wie das Gefühl des Dominierens bei dem, der schlägt.
Gewohnheitspraktiker haben ein Ritual von »schlechtem Betragen«, das ihnen als Entschuldigung für eine »Bestrafung« dient. Im Grunde ist das »Versohlen« eine kontrollierte Art der Gewaltausübung.

Fesseln

Das Wesen des Fesselns liegt im Wissen, daß einer von Ihnen die vollständige Beherrschung hat und der andere sich ihm unterwerfen muß. Unklug wäre es, sich von einer fremden Person fesseln zu lassen oder von jemandem, dem man nicht vertraut.
Fesseln kann sehr erregend sein, wenn es spontan geschieht und ein ungewöhnliches Ereignis ist. Fesseln mit Vorbedacht fällt eher in die Kategorie »abnorm« als in die Kategorie »ausgefallener Sex« und wird Ihre Beziehung auch außerhalb des Sexuallebens beeinflussen.

Transvestismus

Wenn Sie einen geheimen Wunsch hegen, Stöckelschuhe und weibliche Unterwäsche zu tragen – warum versuchen Sie's dann nicht? Machen Sie sich keine Gedanken darüber, was Ihre Partnerin denken könnte. Viele Frauen fühlen sich von der femininen Seite der Männer angezogen und haben schon einmal versucht, ihren Freund zu schminken oder ihm ein Kleid anzuhalten, um zu sehen, wie das an ihm aussieht.

Gummi

Gummi hat ungewöhnliche, sinnliche Eigenschaften. Er ist elastisch, hat einen ganz unverwechselbaren Ge-

ruch und ist anschmiegsam. Sie müssen es ausprobieren, um zu wissen, ob es Sie antörnt.
Besitzen Sie einen Regenmantel aus Gummi? Das ist die leichteste Art und Weise, mit Gummi zu experimentieren. Manche Leute macht sogar die gummiartige Beschaffenheit der Kondome scharf.

Urinieren

Manche Leute erregt es, ihrem Partner beim Urinieren zuzuschauen – oder sich dabei beobachten zu lassen. Viele Frauen finden es einfach interessant zu beobachten, wie Männer urinieren, so wie sie sich im allgemeinen dafür interessieren, wie der männliche Penis funktioniert. Wenn es darum geht, ob Sie auf Ihre Partnerin urinieren dürfen, muß zwischen Ihnen beiden Einvernehmen herrschen.

Ménage à trois

Der Reiz und der Erfolg eines »flotten Dreiers« hängt von den Leuten ab, die mitmachen. Wenn es nicht das ist, was Sie wollen, oder nicht das, was Ihre Partnerin will, dann funktioniert es auch nicht.
Können Sie den Gedanken ertragen, Ihre Partnerin mit einem anderen Mann zu teilen? Wenn Sie es nicht können, dann werden Sie Ihrer Beziehung einen irreparablen Schaden zufügen, selbst wenn Ihre Partnerin dafür Verständnis hat, daß Sie einmal mit einer anderen Frau schlafen. Doch wenn keiner eifersüchtig ist und alle Parteien einverstanden sind – dann kann eine *Ménage à trois* sehr aufregend sein.
Was ist dann besser – ein Mann und zwei Frauen oder zwei Männer und eine Frau? Natürlich hängt das von den Betreffenden ab. Und selbst wenn zwei Menschen dessel-

ben Geschlechts dabei sind, bedeutet dies nicht notwendigerweise, daß sie wirklich miteinander schlafen werden. Oft ist bei einer *Ménage à trois* mehr Voyeurismus und Exhibitionismus im Spiel als Homoerotik.

Orgien

Eine Orgie ist die größer angelegte Variante einer *Ménage à trois*, sie ist schwieriger zustande zu bringen – besonders wenn Ihre Partnerin dabei ist. Wenn Sie während einer Orgie nur mit einer Person zusammen sein wollen, dann haben Sie das Prinzip nicht verstanden und sollten so etwas nicht mitmachen.

Sie müssen willens sein, mit Leuten Sex zu haben, die Sie vielleicht nicht richtig kennen, und das vor anderen Leuten, die Sie ebenfalls nicht richtig kennen. Sofern Sie nicht beim Beginn der Orgie sexuell bereit und willens sind, gleich in Aktion zu treten, sollten Sie einfach für alles offen sein, bis Sie von der ganzen Sache mitgerissen werden. Wenn Sie Ihre Hemmungen ablegen können, wird es eventuell ein erotisches Erlebnis, das Sie nicht so schnell vergessen.

Hilfsmittel

Sexuelle Hilfsmittel sind Gegenstände, die dazu verwendet werden, um Ihre sexuelle Erlebnisfähigkeit zu steigern – ganz gleich, ob es sich um Kleider, Satinlaken, Erotika, Spielzeug oder Aphrodisiaka handelt. Fast alles kann benutzt werden, um den Sex abwechslungsreicher zu gestalten; und da Monotonie häufig das Ende des Sexuallebens bedeutet – meinen Sie nicht, Sie sollten einige dieser Vorschläge einmal ausprobieren?

Kleider

Sexy Kleidung ist ein hervorragendes Mittel, um Ihr Sexualleben zu würzen. Kaufen Sie Ihrer Partnerin hübsche, aufreizende Dessous. Haben Sie keine Scheu, einen Laden zu betreten – die meisten Verkäuferinnen sehen es gern, wenn ein Mann hereinkommt, um seiner Partnerin ein solches Geschenk zu kaufen. Viele wünschen sich insgeheim, ihr Partner täte dasselbe für sie.

Und machen Sie sich auch keine Gedanken um die Reaktionen, die Ihre Partnerin zeigen könnte. Geben Sie ihr das Geschenk und sagen Sie zu ihr: »Du bist so wunderschön und sexy, ich wollte dir etwas Schönes kaufen.« Selbst wenn es nicht passen sollte oder nicht die richtige Farbe hat – Ihre Partnerin wird tief gerührt sein.

Mit fortschreitender Beziehung können Sie auch gemeinsam Reizwäsche aussuchen. Das kann an sich schon eine erotische Angelegenheit sein. Versandkataloge eignen sich besonders gut dafür, da Sie der Erregung gleich die Tat folgen lassen können. Denken Sie daran, daß Sie, wenn Sie

zusammen den Katalog durchblättern, immer wieder Ihre Partnerin in den Mittelpunkt stellen. Das ist nicht »Penthouse« oder der »Playboy«, wo Sie auf ein Bild deuten und sagen können: »Wow, sieht die toll aus!« Statt dessen sollten Sie Ihrer Partnerin sagen, wie gut die Sachen an ihr ausschauen würden und daß Sie es kaum erwarten können, sie darin zu sehen.

Und denken Sie auch an sich selbst. Sie müssen jetzt nicht loslaufen und ein Lederstring kaufen, um sexy zu sein – außer wenn Sie es wirklich wollen! Doch achten Sie darauf, was Ihre Partnerin über Ihren Körperbau sagt. Mag sie Ihre Arme vielleicht besonders gern? Dann tragen Sie ein ärmelloses T-Shirt. Mag sie Ihre Brust? Dann legen Sie Ihr Hemd ab, wenn Sie zusammen allein sind. Ihre Beine? Tragen Sie Shorts oder nur ein T-Shirt. Tragen Sie Kleider, um die Eigenschaften hervorzuheben, die Ihre Partnerin an Ihrem Körper besonders schätzt – damit können Sie nichts falsch machen.

Öle und Ähnliches

Es kann sehr erotisch sein, Lotion oder Öl auf die Haut aufzutragen. Das verringert die Reibung beim Hautkontakt und macht Ihre Berührungen viel sinnlicher.

Sie können auch Eßbares wie Schlagsahne, Schokoladencreme, Honig usw. verwenden. Geben Sie etwas – an irgendeiner Stelle – davon auf die Haut Ihrer Partnerin und lecken Sie es ab! Dann ist sie an der Reihe. Sensationell!

Aphrodisiaka

Zu allen Zeiten hat man Hunderten von Getränken und Speisen erotische Kräfte zugeschrieben – Austern, Wachteleiern, Ingwer, Schokolade und vielem mehr. Doch beruht ihr Reiz eher auf der durch sie hervorgerufenen Assoziation mit dem Sex als auf ihrer tatsächlichen physischen Wirkung auf die Potenz.

Selbst die Spanische Fliege oder Kantharide – das berühmteste Aphrodisiakum – erzeugt keine sexuelle Reaktion in Ihrem Körper. Im Grunde sind viele der Pülverchen und Mixturen, die als Aphrodisiaka verkauft werden, nicht besonders gesund und können sogar gefährlich sein. Versuchen Sie so etwas erst gar nicht.

Alkohol kann Ihnen Ihre Hemmungen nehmen, aber zu viel davon kann die gegenteilige Wirkung eines Aphrodisiakums haben. Ihre Gefühle stumpfen ab, und auf Ihre Erektion ist dann kein Verlaß mehr.

Marihuana ist ein Stimmungsaufheller. Wenn Sie sich in guter sexueller Form fühlen, kann es den Geschlechtsverkehr sehr bereichern. Manche Menschen entspannt Marihuana jedoch viel zu sehr, als daß sie dann noch guten Sex machen können.

»Ecstasy« hat den Ruf, sexuelle Empfindungen zu intensivieren. Doch sind seine Langzeitwirkungen unbekannt.

Kokain kann, wie jede andere Droge, verschiedene Wirkungen auf Menschen haben. Das hängt von ihrem Metabolismus ab. Manche Männer schwören auf Kokain und behaupten, es verlängere und intensiviere ihre sexuellen Empfindungen. Aber Kokain hat ebenso unleugbar die Tendenz, das Glied schlaff zu machen.

Sex-Spielzeug

So wie Sie jedes anderen Schnickschnacks bald überdrüssig werden, so kann es Ihnen auch sehr bald mit Sex-Spielzeug ergehen. Aber selbst wenn man ihm nur ein paar Nächte voll Vergnügen und Sex-Spaß verdankt, lohnt es sich, sie auszuprobieren.

Vibratoren

Vibratoren und Dildos sind wahrscheinlich die verbreitetsten Sex-Spielzeuge. Ein Vibrator ist etwas Einmaliges – für Männer wie für Frauen. Man hält ihn an die Genitalien – oder reibt sonst irgendeine Körperstelle damit und spürt das prickelnde, entspannende Vibrieren.
Einen Vibrator können Sie allein oder mit Ihrer Partnerin benutzen. Sie werden sich selbst und ihr einen großen Dienst erweisen, wenn Sie ihr einen Vibrator kaufen. Es ist für Frauen ein ausgezeichnetes Mittel zu lernen, wie man zum Höhepunkt kommt. Entgegen dem verbreiteten Glauben kann eine Frau nicht von ihrem Vibrator abhängig werden – je mehr sie über ihre eigenen sexuellen Reaktionen und ihre Orgasmusfähigkeit lernt, desto leichter wird es für sie sein, auch ohne den Vibrator einen Höhepunkt zu erreichen.

Dildos

Dildos sind steife, phallusförmige Gegenstände, die zur vaginalen oder analen Stimulierung verwendet werden. Die Größe hängt davon ab, für welche Körperstelle er vorgesehen ist.
Wenn Sie einen »selbstgemachten« Dildo verwenden, vergewissern Sie sich, daß er sauber ist – ganz gleich, ob es sich um eine Gurke oder eine Ketchupflasche handelt.

Leere Flaschen müssen mit einer Verschlußkappe immer gut verschlossen sein! Die Bewegung des Hinein- und Herausfahrens kann eine starke Saugwirkung hervorrufen, und Sie laufen Gefahr, die Flasche nicht herausziehen zu können, ohne den Uterus der Frau zu verletzen.

Asia-Bälle

Asia-Bälle – oder japanische Liebeskugeln – sind ein anderes Sex-Spielzeug. Das sind zwei zusammengebundene Kugeln, die die Frau sich in die Vagina steckt. Sie sollen vibrieren, wenn die Frau sich bewegt. Die meisten Frauen finden die Wirkung geringer als erhofft.

Der Penisring

Ein Penis- oder »Cock«ring – auch »Prinz Albert« genannt, nach dem Gemahl Königin Viktorias, der einen solchen Ring zu tragen pflegte – ist ein Ring aus elastischem Material, der auf die Peniswurzel gestreift wird. Wenn der Penis erigiert, staut der Ring das Blut und hält ihn dadurch viel länger steif. Manche Männer finden das jedoch schmerzhaft.

Erotika

Erotika: das sind Bücher, Bilder und Filme mit sexueller Orientierung. Viele Leute haben Spaß an einer oder allen diesen Erotika-Formen als gelegentlichem Stimulans vor oder während dem Sex.

Filme

Mit dem Aufkommen von Videorecordern ist es heutzutage sehr geläufig und praktisch geworden, Porno-

filme auszuleihen und sie zu Hause anzuschauen. Man kann Pornofilme einfach von der humorvollen Seite nehmen, doch der Anblick anderer, miteinander Sex treibender Leute – ganz gleich wie gekünstelt es auch wirken mag – kann stimulierend wirken. Aber wie bei allen Dingen wird ein zu häufiges Betrachten solcher Filme der Wirkung abträglich sein.

Zeitschriften

Pornomagazine zeigen Bilder von nackten Männern und Frauen. Manche zeigen verschiedene Formen des Geschlechtsverkehrs. Wie Videos können sie erheiternd und stimulierend sein. Sie eignen sich besonders gut für die Masturbation.

Vielleicht wird es Ihre Partnerin zunächst irritieren, wenn sie herausfindet, daß Sie sich solche Zeitschriften ansehen. Wenn das so ist, dann wird es das beste sein, sie einzubeziehen. Blättern Sie die Zeitschrift gemeinsam mit ihr durch, und zeigen Sie ihr die Bilder, die Ihnen zusagen. Sagen Sie ihr, warum – vielleicht haben Sie immer schon einmal Sex in dieser Stellung praktizieren wollen, oder Sie fühlen sich von großen Brüsten angezogen. Aber kommen Sie immer wieder auf Ihre Partnerin zurück. Sagen Sie ihr, daß diese abgebildete Frau ihr ähnlich sähe oder daß jene Frau auf dem Foto nicht so schön sei wie sie selbst. Ihre Partnerin wird sich dann nicht mehr von Ihren Pornozeitschriften eingeschüchtert fühlen.

Bücher

Die Palette erotischer Bücher reicht von Werken, die vor Hunderten von Jahren verfaßt wurden, bis zu den dürftigen erotischen Groschenromanen von heute. Bücher zu lesen ist etwas ganz anderes als die Beschäftigung mit

Bildern, doch das Aufnehmen derartiger Literatur kann Ihre Kenntnisse und Ihr Verständnis von Sex nur erweitern. Kaufen Sie Ihrer Partnerin erotische Bücher. Anaïs Nin zum Beispiel ist eine gute Wahl. In ihren Büchern finden Sie keine zotigen Ausdrücke; auch sie sind vom Standpunkt einer Frau aus geschrieben – was Ihre Partnerin zu schätzen wissen wird.

Mit der Videokamera filmen

Nie zuvor war Heimkino so aufregend! Kaufen oder mieten Sie eine Videokamera und dann – viel Spaß! Drängen Sie nicht gleich darauf, Ihre Partnerin im Bett zu filmen. Zuerst will sie sich an das Gefühl gewöhnen, vor der Kamera zu stehen. Sobald es ihr Spaß macht, können Sie sie filmen, wie sie aus der Dusche kommt, wie sie sich eincremt und sich zum Ausgehen ankleidet. Die Möglichkeiten sind unbegrenzt. Sie wird es genießen, Mittelpunkt Ihrer Aufmerksamkeit zu sein.

Sie können sich selbst beim Sex filmen. Das Wissen, daß jede Bewegung aufgenommen wird, kann ein echter erotischer Kitzel sein. Das Ergebnis wird Sie überraschen. Sie müssen kein großer Schauspieler sein – Ihre wirklichen Reaktionen und Empfindungen werden besser zum Ausdruck kommen als in jeder möglichen Schauspielerei!

Sich selbst filmen ist erst der halbe Spaß. Sehen Sie den Film danach gemeinsam mit Ihrer Partnerin als Vorspiel für das nächste Liebesspiel an. Das ist hundertmal besser als jeder Pornostreifen!

Sex oder Liebe?

Dieses Buch hat alles behandelt – von den verschiedenen Stellungen beim Geschlechtsverkehr bis zur Empfängnisverhütung, vom ausgefallenen Sex bis zu Romantik, Oralsex, Analsex, Massage, Petting, Orgasmus, Aussehen. Ist das Sex oder Liebe?

Wenn Sie das Buch genau gelesen haben, dann wird Ihnen nicht entgangen sein, daß Sie nur ein guter Liebhaber sein können, wenn Sie auf die Wünsche und Bedürfnisse Ihrer Partnerin eingehen. Wenn Ihnen so viel an Ihrer Partnerin liegt, daß Sie versuchen, ihr wirklich zu gefallen, dann wird sie es immer als »Liebe machen« ansehen, selbst wenn es wild und manchmal etwas rauh dabei zugehen sollte.

Sie werden merken, daß es unmöglich ist, die Vorschläge in diesem Buch einfach zu imitieren, wenn Sie keine echte Zuneigung für Ihre Partnerin empfinden. Ganz gleich, wie gut Ihnen der praktizierte Sex gefällt, Sie werden Ihre Partnerin im Bett nicht auf Touren bringen, solange Ihnen nicht wirklich etwas an ihr liegt. Letztlich entscheidet das Maß der Zuneigung, die Sie füreinander haben, über den Grad Ihrer beider Befriedigung.

Wenn Sie Liebe für Ihre Partnerin hegen, so hoffe ich, daß das Buch Ihnen den nötigen Mut gibt, über Ihre alten Gewohnheiten hinauszugehen und mit der Erforschung der unendlich vielen Möglichkeiten für eine befriedigende, aufregende und liebevolle sexuelle Beziehung zu beginnen.